As dimensões do planejamento educacional:

o que os educadores precisam saber

Dados Internacionais de Catalogação na Publicação (CIP)
(Câmara Brasileira do Livro, SP, Brasil)

S237d   Santos, Pablo Silva Machado Bispo dos.
             As dimensões do planejamento educacional : o que os educadores precisam saber / Pablo Silva Machado Bispo dos Santos. – São Paulo, SP : Cengage Learning, 2016.
             152 p.; 23 cm.

             Inclui bibliografia.
             ISBN 978-85-221-2589-0

             1. Planejamento educacional. 2. Políticas educacionais. 3. Políticas públicas. I. Título.

CDU 37.014.5   CDD 371.207

Índices para catálogo sistemático:

1. Planejamento educacional   37.014.5
(Bibliotecária responsável: Sabrina Leal Araujo – CRB 10/1507)

As dimensões do planejamento educacional:
o que os educadores precisam saber

Pablo Silva Machado Bispo dos Santos

CENGAGE Learning

Austrália   Brasil   Japão   Coreia   México   Cingapura   Espanha   Reino Unido   Estados Unidos

CENGAGE Learning

As dimensões do planejamento educacional:
o que os educadores precisam saber

Pablo Silva Machado Bispo dos Santos

Gerente editorial: Noelma Brocanelli

Editora de desenvolvimento: Regina Helena Madureira Plascak

Supervisora de produção gráfica: Fabiana Alencar Albuquerque

Editora de aquisições: Guacira Simonelli

Especialista em direitos autorais: Jenis Oh

Copidesque: Beatriz Simões Araújo

Revisão: Vero Verbo Serviços Editoriais, FZ Consultoria Educacional e Tatiana Tanaka

Pesquisa iconográfica: Tempo Composto

Diagramação: Alfredo Carracedo Castillo

Capa: BuonoDisegno

Imagem da capa: Gts/Shutterstock

© 2017 Cengage Learning Edições Ltda.

Todos os direitos reservados. Nenhuma parte deste livro poderá ser reproduzida, sejam quais forem os meios empregados, sem a permissão, por escrito, da Editora. Aos infratores aplicam-se as sanções previstas nos artigos 102, 104, 106 e 107 da Lei nº 9.610, de 19 de fevereiro de 1998.

Esta Editora empenhou-se em contatar os responsáveis pelos direitos autorais de todas as imagens e de outros materiais utilizados neste livro. Se porventura for constatada a omissão involuntária na identificação de algum deles, dispomo-nos a efetuar, futuramente, os possíveis acertos.

A Editora não se responsabiliza pelo funcionamento dos links contidos neste livro que possam estar suspensos.

Para informações sobre nossos produtos, entre em contato pelo telefone **0800 11 19 39**.

Para permissão de uso de material desta obra, envie pedido para **direitosautorais@cengage.com**

© 2017 Cengage Learning. Todos os direitos reservados.

ISBN 13: 978-85-221-2589-0
ISBN 10: 85-221-2589-9

Cengage Learning
Condomínio E-Business Park
Rua Werner Siemens, 111
Prédio 11 – Torre A – Conjunto 12
Lapa de Baixo – CEP 05069-900
São Paulo-SP
Tel.: (11) 3665-9900
Fax: (11) 3665-9901
SAC: 0800 11 19 39

Para suas soluções de curso e aprendizado, visite **www.cengage.com.br**

Impresso no Brasil.
Printed in Brazil.
1 2 3   18 17 16

Sumário

- Agradecimentos — vii
- Prefácio — ix
- Apresentação — xiii
- Prólogo — xvii
- Sobre o autor — xix
- Sobre o livro — xxi

PRIMEIRA PARTE: REFLEXÕES TEÓRICAS E MARCOS CONCEITUAIS

CAPÍTULO 1
- Planejamento e planejamento educacional: noções e conceitos básicos — 3

CAPÍTULO 2
- As dimensões do planejamento educacional — 11

CAPÍTULO 3
- As interfaces do planejamento educacional e sua interdisciplinaridade — 17

CAPÍTULO 4
- Pesquisa educacional e planejamento educacional — 29

SEGUNDA PARTE: O PLANEJAMENTO EDUCACIONAL E AS LIÇÕES DA PRÁTICA

CAPÍTULO 5
- Políticas públicas, políticas educacionais e planejamento educacional — 45

CAPÍTULO 6
- Planejamento educacional e financiamento da educação nas escolas pública e privada — 61

CAPÍTULO 7
- Planejamento educacional em perspectiva estratégica: lições trazidas por escolas e redes de ensino que dão certo — 73

CAPÍTULO 8
▪ Planejamento educacional diante das questões da qualidade: rendimento escolar e qualidade social   83

TERCEIRA PARTE: ESBOÇO DE UM MANUAL PARA PLANEJADORES

CAPÍTULO 9
▪ Planejamento educacional e documentos escolares para professores: plano de aula e plano de ensino   93

CAPÍTULO 10
▪ Planejamento educacional e documentos para gestores: portfólio, Regimento Escolar e Projeto Político-Pedagógico passo a passo   101

CAPÍTULO 11
▪ Redes de ensino e planejamento educacional: como utilizar dados e indicadores de larga escala (Ideb, Saeb, IDE, Prova Brasil, IDH e IDI) para planejar políticas educacionais   107

▪ À guisa de conclusão: planejador ou profeta?   121
▪ Lista de siglas   125
▪ Referências bibliográficas   127

Agradecimentos

Ao Deus Cósmico, pela existência e participação na Totalidade.

A minha família e amigos, por serem meu alento neste mundo tão desencantador.

A meus inimigos e adversários, por me motivarem a ser a cada dia um sujeito melhor do que no dia anterior.

Prefácio

Contemporaneamente, as discussões acerca da gestão educacional têm crescido de maneira substancial, tanto em número quanto em qualidade. Diversos são os fatores causadores desse fenômeno.

Sem dúvida, alguns desses fatores relacionam-se com a constatação de que a educação brasileira, apesar dos avanços das últimas duas décadas, ainda possui qualidade inferior àquela com a qual sonhamos e que interessa à nação brasileira. Conseguimos, por meio de legislação, programas e esforço orçamentário, praticamente universalizar o acesso ao ensino fundamental e prolongar (ainda que não o suficiente) o tempo de permanência de nossas crianças e jovens na escola.

Novos desafios, entretanto, colocam-se atualmente. A partir da Emenda Constitucional n. 59, de 2009, com previsão de entrada em vigência no ano de 2016, passa a ser vista como direito público subjetivo, portanto obrigatória, a escolarização da criança a partir dos 4 anos de idade (pré-escola) até os 17 anos (final do ensino médio, se não houve reprovação). Essa obrigatoriedade leva a grandes demandas para a União, os estados e os municípios, tanto no que tange a um maior investimento em educação, quanto no que se refere à infraestrutura (construção de prédios, contratação de professores, adequação curricular, etc.) para possibilitar a entrada na escola de milhões de crianças e jovens que ainda não têm acesso à educação infantil e ao ensino médio.

Não basta, porém, colocar as crianças na escola. É fundamental que a passagem delas pela instituição as empodere, propiciando-lhes uma educação de qualidade que as forme como bons homens e mulheres e como cidadãos de pleno direito de uma sociedade na qual o conhecimento seja, cada vez mais, elemento fundamental para a vida e para o trabalho.

Embora possamos questionar a capacidade de determinados indicadores de nos fornecerem um panorama complexo da qualidade da educação hoje oferecida pela maioria de nossas escolas, esses indicadores nos dizem algumas coisas. Assim, embora não devamos confundir esses índices com um retrato fiel da qualidade em educação, os resultados do Índice de Desenvolvimento da

Educação Básica (Ideb) e, comparativamente com outros países, do *Programme for International Student Assessment* (Pisa) devem nos preocupar.

Precisamos, ao mesmo tempo, ampliar o acesso e a permanência de muitos na escola e melhorar sensivelmente a qualidade da educação que nela é oferecida. Isto está longe de ser uma tarefa simples, e a destinação de mais verbas para a educação, apesar de ser fator necessário para esta empreitada, não é suficiente para seu sucesso. É necessário, cada vez mais, que tenhamos a capacidade de planejar, com competência e sabedoria, o que temos de fazer, tanto nas diferentes redes quanto em cada uma das unidades escolares.

O planejamento, exceto talvez aquele referente às atividades propriamente educativas levadas a cabo nas salas de aula, não é prática recorrente entre nós, que trabalhamos com a educação escolar. Nas redes, como diz Luiz Antônio Cunha, o que comumente encontramos é o "zigue-zague educacional", isto é, uma inconstância nas ações realizadas, que acabam por não se somarem ao longo de determinado período de tempo. Realizamos mais políticas de governo do que políticas de Estado, caindo em um imediatismo, na maioria das vezes, infrutífero.

Nas unidades escolares, os muitos "incêndios" que o gestor se dedica a "apagar" impedem, em grande medida, que ele se debruce sobre um planejamento a médio e longo prazos. Além disso, no âmbito tanto das escolas quanto das redes, o gestor, muitas vezes, não tem, em sua formação, o acesso aos conhecimentos e às habilidades necessárias ao processo de gestão. É preciso qualificar melhor esses gestores, não somente dando-lhes acesso aos conhecimentos teóricos fundamentais sobre gestão e planejamento, mas relacionando esses conhecimentos à prática educativa, permitindo que venham a se transformar em práxis.

Precisamos planejar mais e melhor, mas esse planejamento não pode ser centralizado e autocrático. A história da educação brasileira já demonstrou que essa forma tecnicista de planejamento agrega muito pouco (quando não atrapalha) às práticas educacionais. Nossa tarefa é construir uma forma de planejamento participativo, democrático, que envolva toda a comunidade escolar, pois só assim será competente e potente.

Além disso, a partir da Constituição Federal de 1988, pela primeira vez em nossa história, a gestão democrática foi colocada como um princípio norteador da educação pública, disposição reforçada na legislação posterior, como a Lei de

Diretrizes e Bases da Educação Nacional (LDB) e o Plano Nacional de Educação (2014-2024). Este último, inclusive, determina que, até o presente ano (2016), todos os sistemas educacionais elaborem leis específicas acerca da gestão democrática que permitam, de fato, efetivá-la nas redes públicas. Um planejamento participativo e democrático é assim não só uma possibilidade interessante, mas uma determinação legal.

Vale destacar que, ao pensarmos em gestão democrática, devemos refletir também acerca de uma concepção ampliada do papel de gestor, levando em consideração a participação, por exemplo, do conjunto dos profissionais da educação na organização da escola (e nela dos processos educativos), sem olvidar o protagonismo do diretor ou do secretário de Educação.

O presente livro pode cumprir um papel importante da socialização da discussão sobre planejamento, principalmente o de cunho democrático, para todos os sujeitos da escola. Falo isto não só pela sua linguagem simples, sem ser simplista, ou por sua perspectiva de conjugar boa discussão teórica com exemplos práticos, mas principalmente pela pertinência das temáticas escolhidas para a discussão, essenciais para a qualificação de todos os gestores educacionais.

Pablo Bispo dos Santos não é só um pesquisador dedicado à área da gestão e planejamento. É também um excelente gestor, vide, por exemplo, sua participação como coordenador do Programa Escola de Gestores no âmbito da Universidade Federal Fluminense (UFF). Com este livro, ele marca mais um tento importante na discussão educacional no Brasil. Temos todos muito de aprender com ele.

Prof. Dr. Jorge Nassim Vieira Najjar
Doutor em Educação pela Universidade de São Paulo (USP)
Professor associado da Universidade Federal Fluminense
Líder do Núcleo de Estudos em Gestão e Políticas Públicas
Educacionais da Universidade Federal Fluminense (NUGEPPE/UFF)

Apresentação

Poucos atos são desenvolvidos em nossa sociedade e em nossa vida cotidiana com mais frequência do que o ato de planejar. Envolve desde itens mais simples, como listar as tarefas a serem feitas antes de sair de casa, até a definição das medidas estruturais a serem tomadas no que tange às decisões de governos nacionais para os anos vindouros. Essa atividade é, ao mesmo tempo, complexa, imanente ao mundo moderno e (quase sempre) carente de elucidações e esclarecimentos.

No que diz respeito às relações entre o planejamento (como processo e como finalidade) e o conhecimento humano, é possível situá-lo como objeto de estudos científicos e reflexões filosóficas. Há quem advogue a existência de uma ciência do planejamento pertinente ao campo teórico da Administração, enquanto há uma gama variada de autores e estudiosos que entendem o planejamento como uma área de conhecimento interdisciplinar (talvez até transdisciplinar). Aproximo-me dessa perspectiva e entendo ainda que o planejamento mescla elementos científicos e filosóficos, uma vez que possui para cada aplicação epistemológica que lhe é feita procedimentos de controle e verificação experimental e, ao mesmo tempo, elementos de reflexão e imersão na prática que, devido às especificidades de cada segmento científico e contingências do real, são providos de criatividade e diversidade concernentes a essas especificidades. Assim sendo, firmamos o acordo tácito entre autor e leitor no sentido de que o planejamento e, de modo mais direto, o planejamento educacional serão abordados nesta obra como uma área de conhecimento. Essa área de conhecimento firmemente calcada na educação, no ensino, na escola e na sala de aula, não se circunscreve, porém, a estes âmbitos. Seu espectro avança rumo ao planejamento referente às redes e aos sistemas de ensino, e suas ramificações teóricas vão do Direito à Economia, da Filosofia à Administração, da Didática à Política. Justamente por se constituir em um campo de estudos multidimensional e, de certo modo, interdisciplinar, o mais comum é que existam obras que abordem o tema meramente a partir de uma de suas interfaces ou que optem por reduzir o difícil (porém necessário) mister de planejar a um dos "polos" do conhecimento: a) o polo teórico: no qual, a partir de uma espécie de racionalismo puro e uma "razão pura sem objeto", o planejamento é visto como processo abstrato, desencarnado, reduzido a conceitos teóricos que dificilmente se aplicam às condições objetivas e concretas da realidade de escolas e redes de ensino; b) o polo prático: no qual, com poucos suportes teóricos (ou, por vezes, sem nenhum), são produzidos manuais que se reduzem a meras fórmulas testadas e aplicadas poucas vezes, mas cuja universalidade pode ser facilmente denunciada como falaciosa e cuja aplicabilidade não necessariamente guiará o neófito pelos caminhos da administração e gestão rumo aos resultados prometidos.

É com o objetivo de promover uma interfecundação entre teoria e prática no que tange ao planejamento educacional que trago à luz este livro, cuja motivação principal é justamente superar visões monolíticas que consideram que determinada dimensão teórica ou prática define totalmente as condicionantes do planejamento educacional e, ao mesmo tempo, apresentar uma nova proposta de estudo, investigação e trabalho no âmbito dessa área de conhecimento: multidimensional e estratégica. Igualmente, desenvolvo uma metodologia de análise, elaboração e execução desta modalidade de planejamento: o ciclo do planejamento educacional.

Este é um livro que visa preencher uma lacuna importante na literatura educacional brasileira na área de planejamento educacional, qual seja, a de obras nas quais estejam colocados conteúdos teóricos indispensáveis e, ao mesmo tempo, exemplos e instruções práticas que venham a orientar os egressos das licenciaturas e de cursos de pós-graduação nas tarefas concernentes ao planejamento educacional. Cabe indicar que esta obra foi composta não somente por meio de estudos e pesquisas referentes a obras e autores clássicos (como Anísio Teixeira e Durmeval Trigueiro), mas também ao longo de dez anos de magistério superior em Institutos de Ensino Superior (IES) públicos e privados, bem como durante o trabalho como analista e gestor em programas governamentais ligados à gestão escolar, como o Plano de ações articuladas (PAR/MEC) e o Programa Nacional Escola de Gestores (PNEG/MEC).

Por último, mas nem por isso menos importante, dedico este livro em especial aos meus alunos e colegas docentes e aos diretores das escolas públicas para quem esta obra, com o *Guia prático da política educacional no Brasil*, pode contribuir em muito para uma gestão democrática, participativa e eficiente.

Pablo Silva Machado Bispo dos Santos
Doutor em Educação pela Pontifícia Universidade Católica do Rio de Janeiro (PUC-RIO)
Professor adjunto III da Universidade Federal Fluminense
Coordenador do Curso de Especialização em
Gestão Escolar – MEC/SEB/UFF (Escola de Gestores)
Líder do Núcleo de Estudos e Pesquisas em Instâncias de
Socialização e Políticas Públicas (Polis/UFF)

Prólogo: existe uma ciência do planejamento educacional?

> O planejamento da educação assumiu uma nova envergadura: além das formas institucionais da educação, ele incide presentemente sobre todas as outras atividades educacionais importantes, desenvolvidas fora da escola. O interesse dedicado à expansão e ao desenvolvimento dos sistemas educacionais é completado e inclusive, às vezes, substituído pela crescente preocupação em aprimorar a qualidade de todo o processo educativo e avaliar os resultados obtidos (CARNOY, 2002, p. 17).

No ano de 2002, um livro sobre a temática do planejamento educacional chamava atenção pelo seu título ao mesmo tempo ambicioso e prescritivo: *Mundialização e reforma da educação: o que os planejadores devem saber?* (CARNOY, 2002). A proposta visava discutir os meandros que o planejamento educacional de largo espectro viria a trilhar tanto nos países de ponta no que tange à educação quanto nos países em desenvolvimento. Nesse livro, Carnoy descrevia os impactos dos processos de integração cultural e econômica sobre as políticas públicas, a legislação e a administração dos sistemas de ensino em todo o mundo, e, nesse sentido, o autor deu especial relevo à necessidade do domínio dos signos e símbolos informacionais e culturais, cada vez mais determinantes no conteúdo e na forma das políticas educacionais. Ao travar contato com essa obra, a primeira reação foi questionar a possibilidade de alguém conseguir construir sistemas de planejamento tão abrangentes que viriam a estruturar mundialmente a educação.

Com base nesse questionamento (o qual, confesso, foi feito com grande dose de ceticismo), houve de minha parte o interesse em ir até a raiz epistemológica e, de certo modo, ontológica do planejamento educacional. Com isso, algumas perguntas se colocavam diante de mim com certa apreensão: 1) O planejamento educacional é uma ciência? 2) Se é uma ciência, o caráter antecipatório (quase profético) de obras como as de Carnoy poderia ser devidamente estudado no que tange a suas variáveis? 3) É possível (indo até o ponto contrário a essa linha de raciocínio) um mínimo de previsibilidade para o planejador educacional quando se depara com múltiplas determinações de diversas ordens (econômicas, históricas, políticas, administrativas, culturais etc.)?

Foi a partir dessa inquietude inicial, e com vistas a estudar os processos de planejamento educacional, bem como as suas dimensões, no que diz respeito às relações com a prática cotidiana e a teoria (que em alguns casos se reveste de valor equivalente àquilo que a assim denominada "doutrina" exerce para o Direito), que me propus à empreitada de escrever este livro. Assim, ao longo de doze capítulos, procuro responder a esses questionamentos e, ao mesmo tempo, trazer algumas reflexões sobre a atividade de planejar, quando aplicada a diversas dimensões do fenômeno educativo (principalmente o escolar). Desse modo, na primeira parte, composta de quatro capítulos, apresento alguns marcos teóricos e conceituais a partir dos quais são assentadas as bases da discussão referente ao tema. Na segunda parte, igualmente composta de quatro capítulos, procuro trazer algumas reflexões sobre a relação entre o planejamento educacional e as diversas interfaces dessa área de conhecimento com a educação (em seu sentido lato). Por último, na terceira parte, que também se compõe de quatro capítulos, procuro fornecer alguns subsídios aos profissionais que se dedicam ao planejamento educacional, e encerro este livro com a discussão relativa ao estatuto epistemológico da referida área de conhecimento, o que faço questionando os limites do seu alcance teórico por meio de uma provocação: planejador ou profeta? E assim me pergunto se existe efetivamente uma ciência do planejamento educacional.

É com grande interesse e satisfação que coloco sob julgamento esta obra e espero satisfazer às expectativas do leitor.

Sobre o autor

Pablo Silva Machado Bispo dos Santos é Doutor e Mestre em Educação pela PUC-Rio, além de licenciado em Pedagogia pela UFRJ. Há mais de dez anos se dedica à docência da educação superior e atualmente coordena o Curso de Especialização em Gestão Escolar – MEC/SEB/UFF (integrante do Programa Nacional Escola de Gestores). Lidera o Núcleo de Estudos e Pesquisas em Instâncias de Socialização em Políticas Públicas (Polis/UFF) e é professor adjunto III da Universidade Federal Fluminense (UFF). É autor dos livros: *Guia prático da política educacional no Brasil* e *Princípios da metaciência social* e de diversos artigos publicados em periódicos qualificados.

Sobre o livro

Muitos dos alunos que hoje chegam aos cursos de licenciatura em nossas universidades trazem, não raro, as mesmas dúvidas e demandas para as salas de aula: qual deve ser meu primeiro passo quando eu for regente de turma? Como faço um planejamento anual? Como faço um plano de aula? Quais referências ou parâmetros curriculares devo utilizar? Como organizar os objetivos e conteúdos? Como fazer um projeto político pedagógico na escola pública? O que é gestão democrática? Quem financia a educação? etc.

Este livro do professor Pablo Silva Machado Bispo dos Santos supre uma lacuna que se formou nas duas últimas décadas no Brasil, analisando noções e conceitos básicos do campo do planejamento educacional e os relacionando a aspectos conjunturais igualmente fundamentais e atuais – como os indicadores de larga escala, as políticas públicas, a gestão democrática e o financiamento educacional.

Escrito de forma clara e organizada, o trabalho de caráter cuidadosamente técnico apresentado por Santos funciona como esboço de um manual que serve não somente a professores, mas também a gestores, planejadores e demais profissionais da área.

Prof. Dr. Diego Chabalgoity
Doutor em Educação
Professor adjunto da Universidade Federal Fluminense

N.E. Este livro possui material de apoio para professores e alunos, disponível na página deste livro no site da Cengage. Para professores, há um caderno de atividades com perguntas e sugestões de atividades. Para professores e alunos, há anexos com exemplos de documentos utilizados para o planejamento escolar.

PRIMEIRA PARTE: REFLEXÕES TEÓRICAS E MARCOS CONCEITUAIS

CAPÍTULO 1 – Planejamento e planejamento educacional: noções e conceitos básicos

> Creio, no exame do tema que nos ocupa, que não me cumpre exprimir apenas ansiedades e esperanças a respeito dos mestres de amanhã, mas procurar antecipar, em face das condições e da situação de hoje, o que poderá ser o mestre dos dias vindouros. E entre os mestres buscarei, sobretudo, caracterizar os mestres do ensino comum, do ensino destinado a todos, ou seja, na fase contemporânea, os mestres da escola primária e da escola secundária (TEIXEIRA, 1963, p. 10).

Aparentemente o ato de planejar é conhecido e incorporado por inteiro à rotina cotidiana de grande parte das pessoas. Ainda que seja bem conhecido e utilizado de inúmeras maneiras em variadas áreas do conhecimento, parto do pressuposto de que é impossível tratar de um assunto sem que tenhamos previamente as definições básicas e as premissas que orientam o raciocínio de quem o expõe. Dessa forma, não poderia fazer diferente quando venho lançar os fundamentos do arcabouço conceitual que dá origem a este livro. Com isso, dedico o capítulo inicial a uma exploração e explanação acerca dos termos planejamento e planejamento educacional, bem como de alguns dos termos que lhes são vinculados.

Sobre o planejamento *lato sensu*: planejamento, plano e projeto

A fim de cumprir a proposta que foi esposada, vamos então ao trabalho "arqueológico e exegético" de delimitação dos conceitos ligados ao planejamento em sentido amplo (*lato sensu*). Comecemos então pelo termo planejamento.

O planejamento como atividade humana

Cabe aqui uma primeira aproximação sobre o assunto, assaz sintética, mas que dado o seu generalismo serve como elemento de "pavimentação" do caminho que seguiremos para abordar esse termo. Então, sobre o planejamento, cabe indicar que este consiste na função mais básica e imaterial dos processos estratégicos envolvidos na gestão e na administração. Para além dessa definição inicial, temos o planejamento incorporado ao escopo das atividades humanas, especialmente as de caráter cotidiano, e isto devido a uma necessidade muito simples: fazer face ao caos que se apresenta em um mundo no qual o homem não possui controle do tempo, do espaço, nem de boa parte dos ritmos sociais que se lhe apresentam. Assim, temos a consequência de que o planejamento surge em função de uma necessidade primária a ser atingida e, ao mesmo tempo, significa um processo no qual o intelecto se projeta no tempo com vistas a abarcar um futuro que nunca é totalmente previsto. Com isso, temos que não há planejamento sem um problema inicial que demanda uma solução para que não se percam os objetivos individuais ou coletivos. Obviamente, essa é uma noção por demais genérica e ampla, e que carece de aprofundamentos e elucidações. A primeira elucidação diz respeito ao fato de que a ação de planejar inicia seu delineamento na realidade concreta por meio de uma tentativa de controle do tempo envolvido na realização da necessidade/problema que deu origem ao planejamento (até mesmo uma atividade simples, como ir até o local de trabalho, requer algum tipo de posicionamento no tempo).

A partir dessa necessidade inicial, pode-se dizer que aquele que planeja elabora uma "projeção de tempo", o que nos leva a uma noção auxiliar à de planejamento: projeto. Entendemos que um projeto nada mais é do que a ação mental (cognitiva ou intelectiva, individual ou coletiva) que visa mobilizar os elementos do planejamento em função de uma delimitação temporal previamente estabelecida. Projeto, em nível etimológico, possui uma semântica que leva à ideia de algo que é projetado adiante (CURY, 2008), no tempo e/ou no espaço, de maneira que enquadre o problema que motivou o início do planejamento no eixo espaçotemporal, vindo então a se consubstanciar em metáfora adequada para tratar dos passos relativos ao processo de planejar. Decorrente disso, temos então o projeto como composto de elementos normativos do planejamento, como prazos e metas a serem cumpridos.

Percebamos que, ao trazer para o *continuum* do real (tempo e espaço), o planejamento começa a ganhar materialidade, deixa de ser uma ideia vaga e imprecisa e/ou uma sensação de incômodo perante um problema. Passa a ter substância, ou, ao menos, são previstos movimentos do real com vistas a desenvolver atos orientados com base no tempo (prazos) e no espaço (metas/objetivos). Estamos diante de uma organização que faz que o projeto possa, então, "encarnar" e começar a mudar a fim de constituir um plano. O que seria então o plano?

Para efeitos argumentativos (e principalmente didáticos), nesta obra, o plano consiste na materialização em três níveis (documental, prático e estratégico) do planejamento. Nesse sentido, cabe indicar que o plano é, ao mesmo tempo, a corporificação do planejamento e a conexão com a realidade e as necessidades da prática, podendo e devendo trazer ao gestor a informação do que precisa ser constantemente reformulado no âmbito da ação ou programa de ações inicialmente planejadas. Três níveis, ou melhor dizendo, três dimensões envolvidas no plano. A primeira delas, apesar de ser a mais óbvia, é também a mais reificada. Ao se consubstanciar em um documento, há embutido nesse ato "demiúrgico" o desejo e, de certo modo, uma tentação no sentido de entender que o plano se circunscreve ao documento escrito, e somente a este. Evidentemente o registro da realidade planejada e projetada em um documento (como, por exemplo, um plano de negócios ou um plano de ensino) é um passo importante e fundamental na construção de um plano, porém há mais do que isso quando se concebe o plano como a concretização do planejamento. Sobre esse fato, é correto afirmar que há uma dimensão "prática", material e concreta com a qual os elementos do planejamento precisam se confrontar no momento de sua execução. É nesse confronto entre o que fora planejado e projetado e as condições objetivas da realidade que é possível verificar quanto o processo realizado para planejar algo foi bem executado. Como exemplo, gostaria de trazer a seguinte ilustração situacional: um indivíduo planejava viajar de carro e percorrer 200 quilômetros em uma viagem (planejamento inicial). Para tanto, projetava levar quatro horas e encheu o tanque de seu carro com 20 litros de gasolina, pensando no consumo médio de 12 quilômetros por litro (esses elementos exemplificam as metas do planejamento). Registrou tudo isso em um papel e traçou a rota em seu dispositivo de navegação GPS (plano). Ocorre, porém, que havia um engarrafamento gigantesco na estrada, o que lhe fez perder mais três horas no deslocamento, bem como foi forçado a reabastecer o carro, pois o consumo de combustível com o carro ligado e o ar-condicionado não foi suficiente para a carga de gasolina com a qual saiu de sua residência.

No exemplo colocado, houve um confronto entre o plano aparentemente muito bem delineado e a realidade concreta, cujo devir não se apresenta tão previsível quanto os esquemas que delineamos no âmbito do planejamento. Voltemos ao exemplo: considerando que não foi possível atingir os objetivos com o planejamento inicial, como procederá o personagem? Vai reabastecer? Procurará uma rota alternativa? Cancelará a viagem? Estas e outras alternativas que se colocam como possibilidades no momento da execução poderiam estar presentes como ações a serem realizadas no caso de alguma das metas (que nada mais são do que objetivos controlados em função do desenrolar do plano) não se efetivar. Essas ações nada mais são do que estratégias, e, com isso, chega-se a outra noção: planejamento estratégico. Trata-se de um conceito que nesta obra diz respeito à perspectiva de planejamento que leva em conta dificuldades, potencialidades e oportunidades no momento de definir como atuar na realidade concreta da situação em questão.

Após essa exposição inicial, cabe indagar: somente o planejamento está envolvido nas tentativas inerentes ao homem de controlar a realidade? Categoricamente diria que não, e indico que, tratando-se de uma perspectiva que se dispõe a assumir contornos científicos, pelo menos mais dois termos se vinculam ao planejamento: administração e gestão.

Planejamento, gestão e administração: considerações iniciais

Em relação ao termo administração, há uma definição sintética que ajuda a pensar um pouco mais a respeito: *Administração é o ato de administrar ou gerenciar negócios, pessoas ou recursos, com o objetivo de alcançar metas definidas. É uma palavra com origem no latim* administratione, *que significa "direção, gerência".*[1] Bem, apesar de muito sintética e perfunctória, essa acepção de administração remete ao fato de que, da mesma forma que o planejamento se lança para o futuro, a

---

[1] Disponível em: <http://www.significados.com.br/administracao/>. Acesso em: 22 nov. 2015.

administração no sentido lato diz respeito ao presente, ao momento da execução dos processos. As metas representam indicadores que vão auxiliar justamente a administrar o cumprimento desses processos. Até este momento tudo parece muito claro, porém a administração não pode ser tomada como uma espécie de conhecimento *ad hoc* e que viria a resolver todos os problemas de quem precisa planejar e executar uma atividade. Além de se diversificar em muitos campos, como: administração financeira, administração pública e administração hospitalar (o que significa que cada campo de conhecimento possui uma característica própria no que tange à capacidade de administrar), deve-se lembrar que cada situação nos leva a uma necessidade específica quanto ao controle do tempo e dos acontecimentos (às vezes nem controle, mas, sim, adaptação), de modo que, como diria Gaston Bachelard (2000), estamos diante de mais um "caso particular do possível" cada vez que tentamos administrar alguma situação concreta, mesmo que tenhamos metas e atenção ao controle dos eventos.

Ainda no âmbito da administração, gostaria de dar uma atenção especial para a ramificação dessa área do conhecimento denominada administração pública. Esta nada mais é do que a aplicação da atividade de controle dos processos que concerne a administração ao conjunto dos órgãos instituídos pelo Estado para organizar e manter os serviços e funções públicas, como segurança, economia, saúde, transportes e educação. Quando tratamos da administração pública, há de ser incluído um componente essencial e que se refere à política e ao poder. É na esfera do Estado que ocorrem de modo mais forte os embates entre grupos e forças políticas, redundando então em maiores conflitos dentro dessa estrutura. Os ocupantes de cargos administrativos na esfera pública são denominados gestores públicos e, além dos atributos administrativos e técnicos, devem igualmente organizar e gerenciar conflitos internos à administração pública e entre o Estado e a sociedade. Mas o que pode ser então definido como gestão?

A gestão pode ser definida como a atividade correlata à administração e ao planejamento e que se vincula às tomadas de decisão e às relações de poder inscritas nos processos de gerenciamento. Um gestor é alguém que está atento tanto às normas e metas definidas no planejamento quanto aos indicadores de processo surgidos na atividade administrativa, e, ao mesmo tempo, decide (individualmente ou em grupo) o que fazer no que concerne aos resultados do processo em curso (ou finalizado). Claramente, a gestão é imprescindível na administração pública (tal como veremos adiante, uma de suas modalidades se tornou um dos princípios da educação nacional). Porém a esta não se circunscreve, na medida em que todo planejamento que envolva o homem vai necessariamente (ao menos) tangenciar questões referentes a conflitos e ao poder, daí a necessidade de competências de gestão em praticamente todo tipo de planejamento a ser executado em organizações, quaisquer que sejam.[2]

Desse modo, na concepção que defendemos, não há uma separação total entre a administração, o planejamento e a gestão. Entendemos essas funções (ou atividades, se preferirmos chamar desse modo) como dimensões que se complementam e interpenetram (uma das razões pelas quais o título do livro se refere a uma tridimensionalidade do planejamento educacional), havendo em cada momento das ações que se procura planejar uma ênfase maior em cada uma dessas dimensões integrantes. Após essa exposição inicial, passemos para a parte deste capítulo que situa no âmbito educacional a matéria deste livro.

O planejamento na educação: escopo do tema e definições preliminares

No que diz respeito a qualquer discussão, debate ou exposição de ideias, parto do velho pressuposto socrático de que é impossível qualquer avanço sem que tenhamos definições claras acerca dos conceitos e das noções que utilizamos. A esse respeito, entendemos que não há condições de tratar o planejamento educacional e os termos a ele coligados sem uma definição clara do que entendemos por educação. Em outro livro, procurei na parte referente a um glossário dos termos comuns à área da política educacional trazer uma definição da noção de educação, a qual nos auxilia a ter um eixo de sentido no âmbito dos muitos significados possíveis para esse termo extremamente polissêmico. Vamos a ela:

---

[2] Quando forem analisadas as questões referentes ao planejamento educacional em nível micro, isto se tornará mais claro. Por ora, sigamos firmes no esforço de assentar com propriedade os alicerces da matéria deste livro.

> Diz respeito ao processo a partir do qual o ser humano se desenvolve, consegue comunicar-se com outros, participa dos grupos sociais e culturais que o cercam, mesmo que opte por isolar-se, e aprende a manusear os signos e símbolos da cultura, dando-lhes significado e sentido no processo de apreensão do mundo (SANTOS, 2014, p. 157-158).

Em outro trecho desse mesmo livro, trago uma aplicação desse termo, já o direcionando para o âmbito das políticas públicas; assim, temos a educação como:

> Todo processo intencional de formação de indivíduos (ou grupos) feito com o intuito de conservar, mudar ou romper com os padrões sociais existentes, o que se dá por meio da transmissão de conhecimentos considerados desejáveis para determinado grupo ou sociedade [...] trataremos agora da expressão Política Educacional, que corresponde a toda e qualquer política desenvolvida para intervir nos processos formativos – desenvolvidos em sociedade – seja na instância coletiva, seja na individual [...] (Ibidem, p. 3).

Tornou-se vital transcrever esses trechos pelo fato de que, toda vez que a temática relativa à educação for abordada, haverá a referência à intervenção (de natureza predominantemente jurídico-política) nos processos de formação de indivíduos ou grupos, desenvolvida por instituições específicas e cuja atividade-fim será o ensino (normalmente escolas, universidades ou organizações não governamentais – ONGs).

Tendo em vista essa delimitação inicial relativa ao termo educação (talvez longa, mas nem por isso menos necessária), retomo uma discussão que fora iniciada na seção anterior deste capítulo e que diz respeito à pergunta: para que planejamos algo? Em se tratando de educação (com maior ênfase no que se refere à educação pública, o que será mais bem detalhado em capítulo posterior), a definição que será utilizada relativamente ao planejamento educacional diz respeito ao planejamento que é realizado objetivando intervir em alguma realidade educativa, com o objetivo de solucionar problemas, construir e desenvolver indicadores e metas relativos a esses problemas, bem como correlacionar fatores sociais, culturais, econômicos e históricos às dinâmicas educativas relativas ao ensino-aprendizagem, com vistas a intervir individual ou coletivamente nos processos educativos sob o escopo da referida realidade educativa. Cabe ainda indicar que, para esta obra, realidade educativa corresponde à circunscrição na qual o processo educativo ocorre, podendo se situar em âmbito mundial ou do Estado (nível macro), das organizações educativas como escolas e universidades (nível meso) e das salas de aula (nível micro).

Desse modo, conforme visto, a definição de planejamento educacional que foi adotada, apesar de ampla, dá uma diretriz muito segura quando pensamos nesse processo em relação a outras áreas de conhecimento. Isto já nos leva a uma primeira e básica conclusão: o planejamento educacional possui especificidades. E respondendo à pergunta inicial desta seção de modo relativa à educação: planejamos com o objetivo de resolver problemas, atender a necessidades e concretizar aspirações relativas a algum dos elementos envolvidos na dinâmica ensino-aprendizagem.[3] Assim, o planejamento educacional visa atender objetivos e metas educacionais (entendendo o objetivo como a formulação de um princípio que se pretende perseguir, e a meta, a expressão da tentativa de mensurar o alcance desse objetivo), de modo que todos e quaisquer elementos relativos a outras áreas de conhecimento e de outras naturezas tornam-se aportes ou, se preferirmos, subsidiários ao planejamento educacional. Por essa razão, há de se marcar claramente o fato de que o planejamento educacional aplicado a uma escola, mas que vise (por exemplo) priorizar o desenvolvimento de indicadores financeiros (como redução de custo por aluno) sem conectar-se aos objetivos educacionais, não poderia ser assim denominado.

---

[3] Para ter acesso a definições precisas referentes aos termos ligados à educação, sugiro a leitura do Apêndice do *Guia prático da política educacional no Brasil* – ações, planos, programas e impactos, obra de minha autoria, lançada em 2014 pela Editora Cengage.

CAPÍTULO 2 – As dimensões do planejamento educacional

> O planejamento é uma das estratégias utilizadas para imprimir racionalidade ao papel do Estado e institucionalizar "as regras do jogo" na administração das políticas governamentais (FERREIRA; FONSECA, 2011, p. 70).

Conforme a proposta filosófica (e, de certo modo, epistemológica) deste livro, o modelo teórico é tridimensional, e assim podemos identificar três dimensões ontológicas referentes ao planejamento educacional e que se relacionam ao modo como esse planejamento "encarna" na realidade educativa: pedagógica, administrativa e estratégica. Essas dimensões se complementam e interpenetram.

No que diz respeito à primeira das dimensões, cabe indicar que é nela que se situam com maior ênfase as concepções políticas e filosóficas relativas a quem planeja. É a partir dessa dimensão que se formulam os objetivos de ensino e na qual estão em jogo as noções de ensino-aprendizagem de quem elabora o planejamento. Sem nenhuma sombra de dúvida, a adoção de determinada concepção de ensino expressa uma opção teórica, mas não há como ignorar que esta é também uma decisão de cunho político. Cabe ainda ressaltar que não somente as concepções de ensino-aprendizagem, mas as estratégias pedagógicas, os objetivos, as metas, os indicadores e demais componentes do planejamento educacional são pertinentes à dimensão pedagógica. Utilizando a velha distinção aristotélica entre matéria e forma,[1] entendemos que, em termos de planejamento

---

[1] Aristóteles em sua *Metafísica* (2004) dividia a investigação filosófica e os processos atinentes à investigação em duas instâncias: *matéria* e *forma*. Enquanto a *matéria* se refere ao conteúdo do que se pretende compreender ou abordar, a *forma* diz respeito aos aspectos técnicos, teóricos e metodológicos que conduzem a investigação e a colocam sob um escopo discursivo, passível de ser apreendido pelos outros sujeitos. Para exemplificar, tomemos a seguinte situação: uma peça de teatro é produzida. A matéria diria respeito ao tema, ao título da peça; a forma se referiria às encenações, ao figurino e ao cenário dos atores.

educacional, o ensino-aprendizagem é o conteúdo, e os modos como a dimensão pedagógica virá a se concretizar na realidade educacional integram a forma. E quanto às outras duas dimensões, o planejamento educacional também está presente? Sem dúvida, e a seguir veremos como.

No que se refere à dimensão administrativa, entendemos que ela é relativa a todas as atividades-meio, ou seja, aquelas que, muito embora não tenham a ver diretamente com a "matéria educacional", ao não serem feitas dificultam a execução de um projeto educacional, qualquer que seja. Por exemplo: pensemos em uma escola na qual não existam, com exceção dos professores, o controle de serviços de segurança, serviços documentais (como, por exemplo, os diários dos professores e os programas de ensino), serviços de limpeza, materiais pedagógicos etc. Torna-se claro que nessa escola, por melhores que fossem os professores, seria extremamente difícil (ou até mesmo impossível) o desempenho das atribuições referentes ao ensino-aprendizagem.

É na dimensão administrativa que vemos então o controle dos processos, mas não podemos nos esquecer de que isto implica o fato de que esse controle não se circunscreve à aplicação de técnicas gerenciais gerais a esses processos, pois uma vez decorrência do fato de que o planejamento educacional possui especificidades, assim o é também no caso da administração educacional. Parece óbvio, mas não há sequer um consenso sobre o fato de que administrar uma escola (por exemplo) não redunda no mesmo tipo de atividade envolvida na administração de uma empresa especializada em contabilidade (por exemplo). Por outro lado, há aqui o entendimento de que as especificidades da administração educacional (imprescindível nessa dimensão de controle dos processos pedagógicos e das atividades-meio) podem gerar para efeito pedagógico uma definição sintética acerca do que seria a administração educacional. Vamos a ela: a administração educacional seria o campo de conhecimentos destinado a investigar e sistematizar o conjunto de processos relativos ao gerenciamento e ao controle de processos implicados na consecução de objetivos educacionais (principalmente pedagógicos) nos níveis macro, meso e micro, abrangendo, dessa forma, processos que vão desde a organização de objetivos de ensino em um plano de aula até a formulação de programas mundiais para a educação.

Com base nessa definição (que, embora seja extensa, não é por demais ampla), temos então mais uma implicação: o planejamento não se perde de vista na dimensão administrativa (sem que existam princípios e formulações a serem seguidos, metas, indicadores e processos perdem seu sentido), embora nesta venha a sobressair sem dúvida o conhecimento relativo ao campo da administração, pois é por meio do controle e da execução das atividades-meio que tais objetivos e pressupostos educacionais (teóricos, políticos e filosóficos) se concretizam. Por último, mas não menos importante, se na dimensão pedagógica predomina a "matéria", é na dimensão administrativa que se delineia a "forma" do planejamento educacional. Mas será que somente podemos pensar em planejamento e administração? A resposta é não, pois ainda há mais uma dimensão do planejamento educacional a ser discutida: a dimensão estratégica.

Todas as vezes em que se ouve falar a respeito de qualquer tipo de planejamento (não somente o planejamento educacional, mas sem dúvida também nesse tipo de planejamento), uma pergunta surge quase naturalmente a qualquer indivíduo que tiver o mínimo senso crítico: Como se avalia o resultado do planejamento? Esta é uma pergunta que merece toda a atenção e será devidamente respondida adiante, mas de antemão é possível assegurar que a chave dessa resposta está no que denomino *dimensão estratégica do planejamento*.

Esta é uma dimensão que é, ao mesmo tempo, resultante e condicionante do planejamento educacional (e do planejamento *lato sensu*). Resultante pelo fato de que as necessidades do real demandam a tomada de decisões e a utilização de esquemas para a superação de problemas e/ou intercorrências relativas à administração, à infraestrutura e aos aspectos pedagógicos. Igualmente, essa dimensão é condicionante pelo fato de que as estratégias[2] interferem de modo prático nos processos administrativos, pedagógicos e de infraestrutura envolvidos na dinâmica do planejamento educacional. Com isso, percebe-se que o caráter relacional dessas três dimensões traz outra particularidade do modelo adotado nesta obra: o enfoque dialético, ou seja, a noção de que não há uma influência absoluta e determinante do planejamento sobre a realidade (o que seria uma hipervalorização da racionalidade administrativa), ao mesmo tempo que não existe a impossibilidade de racionalizar a atividade do planejamento educacional (tal como pensada no enfoque empirista).

---

[2] Neste livro, a definição de estratégia refere-se às ações concretas desenvolvidas com vistas a atingir a um objetivo previamente delineado.

A dimensão estratégica do planejamento diz ainda respeito aos elementos concernentes à tomada de decisão, bem como também à implantação das ações concretas e à avaliação/discussão dos resultados. Essa dimensão se situa justamente no interstício entre a materialização do plano e sua execução, bem como entre a avaliação dos resultados e a (possível) reforma do plano diante das condições objetivas da realidade educacional postas em confronto com o planejamento (e o plano) desenvolvido.

Se por um lado é defendida a noção de que o planejamento educacional pode se dar por um enfoque tridimensional e relacional (dialético), igualmente se parte do princípio de que, em cada nível de aplicação do planejamento educacional (micro, meso e macro), torna-se necessária a elaboração de uma metodologia concernente a cada um desses níveis. Assim, se fosse possível transformar em um esquema gráfico o modo como são concebidas as dimensões e os níveis do planejamento educacional, esse esquema seria composto por uma coordenada horizontal dividida em três círculos interseccionados (tal como um diagrama de Venn) e em cuja intersecção se formaria um novo círculo (representando a dimensão estratégica). Além dessa coordenada, haveria uma coordenada vertical integrada por três patamares, representando os níveis de aplicação do planejamento educacional, sendo o nível micro o patamar mais baixo; o nível meso, o patamar intermediário; e o nível macro, o patamar mais acima. As ações, os projetos, os programas e os planos estariam representados por pontos dispostos nesse sistema espacial, os quais corresponderiam aos casos particulares concernentes a cada nível e a cada necessidade estratégica.

Essa ideia bastante elaborada e complexa, ao longo deste livro, será esmiuçada, indo desde os fundamentos do planejamento educacional em nível macro e em larga escala até os fatos cotidianos imbricados no planejamento educacional (tais como a elaboração de um plano de aula). Igualmente, com base em tudo o que fora visto até o momento, cabe trazer à tona um conceito que será aplicado adiante em boa parte dos estudos desenvolvidos nos capítulos subsequentes. Trata-se da noção de *ciclo do planejamento educacional*. Esse ciclo corresponde ao processo em que são elaborados/planejados os elementos de um determinado projeto (na etapa correspondente ao planejamento), a seguir são identificados e enquadrados os mecanismos relativos aos prazos e às metas a serem seguidos (o que diz respeito à etapa denominada projeto/modelagem de projeto) e, por fim, ocorrem a execução e a concretização, bem como o acompanhamento desses processos quanto aos resultados (na etapa chamada plano), o que por sua vez enseja um novo planejamento, de modo cíclico.

Após esse conceito modelar e relevante para a empreitada contida neste livro, encerramos esse segundo capítulo, projetando para o próximo a seguinte indagação: o planejamento educacional é uma disciplina ou um campo de conhecimentos? É com esse questionamento que abriremos o terceiro capítulo, que analisa as interfaces do planejamento educacional, bem como a interdisciplinaridade que (possivelmente) está implicada em sua estrutura teórica e epistemológica.

CAPÍTULO 3 – As interfaces do planejamento educacional e sua interdisciplinaridade

> Tudo ocorre como se os conhecimentos e os saberes que uma civilização não para de acumular não pudessem ser integrados no interior daqueles que compõem esta civilização. Ora, afinal é o ser humano que se encontra ou deveria se encontrar no centro de qualquer civilização digna deste nome (NICOLESCU, 1999, p. 1).

Neste capítulo, sigo a linha argumentativa dos que o precedem, ou seja, procuro por meio de uma perspectiva teórica relacional (multicausal e multifatorial, eu diria) e dialética tratar da natureza do planejamento educacional, de modo que abarque a sua especificidade e suas conexões com outras áreas de conhecimento (para além da educação) e também com as subáreas da educação (e, mais diretamente, da Pedagogia).[1] Antes, porém, de avançar em direção a essa tarefa de grande complexidade, qual seja, a de delimitar a natureza e o escopo do planejamento educacional especialmente em relação a seus componentes epistemológicos e teórico-metodológicos, segue o destaque de algumas concepções de planejamento educacional que vieram a se consubstanciar em experiências concretas implantadas no Brasil. Será por meio desses primeiros apontamentos que desenvolverei não somente a argumentação relativa à tarefa supracitada, mas também, em outras partes deste livro, a política educacional e a relação entre pesquisa educacional e planejamento educacional.

---

[1] A respeito do termo Pedagogia, cabe delimitá-lo. Nesse sentido, concordo com a autora Selma Garrido Pimenta (2011) quando indica que a Pedagogia possui um estatuto de cientificidade concernente ao estudo sistemático dos métodos e das técnicas de ensino-aprendizagem, bem como também ao caráter epistemológico singular dessa área de conhecimentos, a qual se revela primordialmente por seu teor compósito e amalgamado no que se refere à relação com outras áreas das Ciências Humanas, como a Antropologia e a Filosofia. Assim, entende-se que a Pedagogia se situa no âmbito da Educação e pode então ser identificada claramente como um campo investigativo próprio.

Alguns autores, concepções e experiências concretas no âmbito do planejamento educacional no Brasil

Para não construir um modelo de análise abstrato e calcado somente na teoria (ou mais propriamente na erudição) correspondente ao planejamento educacional, opto por fazer uma seleção de autores e experiências que vieram a trazer alguns elementos de experiência concretos e que de certo modo inovaram no que se refere ao planejamento educacional no Brasil. São experiências adotadas em âmbitos e momentos diferentes e sob perspectivas teóricas igualmente distintas, mas que ao serem analisadas trazem para o leitor alguns dos fundamentos necessários para que seja edificada a argumentação (quiçá a demonstração) relativa ao escopo e à natureza do planejamento educacional no que se refere a suas interfaces e a seu teor interdisciplinar.

Vejamos uma análise de alguns elementos da matéria relativos aos autores: Anísio Teixeira e Durmeval Trigueiro Mendes.

Anísio Teixeira e o planejamento educacional no Brasil das décadas de 1950-1960

Sem nenhuma sombra de dúvida, Anísio Teixeira foi um dos maiores autores que o Brasil conheceu. Na educação, sua produção não se limitava a livros e artigos, vindo a ser o idealizador de muitos projetos, planos e ações no âmbito da administração pública. Dentre essas ações, há de se destacar a sua ideia de planejar a educação brasileira a partir de duas vertentes de ação: a) a elaboração de uma política nacional de formação de professores nos anos de 1950-1960 (MENDONÇA et al., 2005); b) a organização de uma rede de centros de pesquisa educacional aplicada[2]

---

[2] A esse respeito, cabe consultar o brilhante artigo de Cecilia Neves Lima (2014), o qual demonstra a diretriz adotada pelo Instituto Nacional de Estudos Pedagógicos (Inep) à época da gestão de Anísio Teixeira, a qual procurava aliar noções de planificação educacional oriundas da doutrina econômica desenvolvimentista à perspectiva pedagógica contida no pragmatismo; esta pressupunha, entre outros elementos, a noção de que a experiência educacional presente em currículos e programas de ensino deveria se apoiar firmemente em elementos ligados ao cotidiano dos alunos e, igualmente, em conhecimentos que seriam úteis à vida em sociedade. Esses fundamentos seriam, dessa forma, objeto dos

que visava subsidiar escolas e redes de ensino no que compete ao planejamento educacional.

No que se refere à perspectiva teórica do autor quanto à educação, Anísio Teixeira concebia esse campo de conhecimentos como sendo mais do que meramente teórico e prático. Advogava a ideia de que os educadores não possuem uma identidade profissional (e, de certo modo, existencial) igual à dos cientistas. Nas palavras do autor, temos que:

> Os educadores – sejam professores, especialistas de currículo, de métodos ou de disciplina, ou sejam administradores – não são, repitamos, cientistas, mas, artistas, profissionais, práticos (no sentido do *practitioner* inglês), exercendo, em métodos e técnicas tão científicas quanto possível, a sua grande arte, o seu grande ministério. Serão cientistas como são cientistas os clínicos; mas sabemos que só em linguagem *lata* podemos efetivamente chamar o clínico de cientista (TEIXEIRA, 1957, p. 17).

Assim, se os educadores se apresentam como artistas (no sentido de sua relação epistemológica com o conhecimento empírico) que empregam algumas técnicas, a Educação por sua vez se mostra como um campo de conhecimentos que não pode prescindir da teoria (vinculada à atividade do cientista) nem da empiria (referente ao conhecimento prático), então a relação entre teoria e empiria se dá na seguinte medida:

> Parece-me não ser uma simples *nuance* a distinção. Por outro lado, isto é o que já se faz, sempre que se distingue o conhecimento teórico, objeto da ciência, da regra prática, produto da tecnologia e da arte. A confusão entre os dois campos é que é prejudicial. É preciso que o cientista trabalhe com o desprendimento e o "desinteresse" do cientista, que não se julgue ele um educador espicaçado em resolver problemas práticos, mas o investigador que vai pesquisar pelo interesse

---

Centros Regionais de Pesquisa Educacional (CRPEs) e do Centro Brasileiro de Pesquisa Educacional (CBPE).

> da pesquisa. O seu problema originou-se de uma situação de prática educacional, mas é um problema de ciência, no sentido de estar desligado de qualquer interesse imediato e visar estabelecer uma teoria, isto é, o problema é um problema abstrato, pois a abstração é essencial para o estudo científico que vise à formulação de princípios e leis de um sistema coerente e integrado de relações. Os chamados estudos "desinteressados" ou "puros" não são mais do que isto. São estudos das coisas em si mesmas, isto é, nas suas mais amplas relações possíveis. As teorias científicas do calor, da luz, da cor ou da eletricidade são resultados do estudo desses fenômenos em si mesmos, desligados de qualquer interesse ou uso imediato. No fim de contas, a teoria é, como se diz, a mais prática das coisas, porque, tendo sido o resultado do estudo das coisas no aspecto mais geral possível, acaba por se tornar de utilidade universal (Ibidem, p. 18).

Ao seguir essa linha de raciocínio, é possível depreender que teoria e empiria, muito mais do que dimensões estanques da realidade (em especial, a realidade educacional), são complementares e inter-relacionadas. Assim, da mesma maneira que os problemas de pesquisa surgem de uma prática educacional que os precedeu, a pesquisa (e, de certo modo, a teoria), por sua vez, permite que essa prática se modifique de acordo com as demandas surgidas cotidianamente, as quais, por sua vez, demonstram sua eficácia a partir do quão úteis são as contribuições trazidas à resolução dos problemas educacionais. Com isso, deve-se destacar um aspecto crucial para Anísio Teixeira no que diz respeito à sua ação e à sua reflexão teórica: o caráter utilitário da teoria, ou seja, confrontava-se ao academicismo presente a sua época no sentido de serem pensados os problemas meramente por curiosidade intelectual. Esta é uma das diretrizes do pragmatismo,[3] filosofia que influenciou boa parte das realizações desse insigne educador brasileiro.

---

[3] O pragmatismo pode ser definido como uma filosofia cujo aspecto ontológico se centra sobre a experiência individual, reconstruída por meio da interação do homem com o mundo, mediada, por sua vez, pela historicidade e concretude desse mundo em permanente mudança. Dentre alguns de seus principais pressupostos, temos uma hierarquia de valores nos quais a utilidade e o caráter prático da reflexão intelectual se opõem ao verbalismo e à reflexão filosófica abstrata e desconectada da realidade concreta. Mais detalhes a esse respeito podem ser obtidos no trabalho de Ana Waleska Mendonça et al. (2005), que remete à relação entre pragmatismo e desenvolvimentismo no Brasil dos anos de 1950-1960.

Ainda em relação à visão de educação presente na obra de Anísio Teixeira, deve ser destacado que, para ele:

> A educação não é uma ciência autônoma, pois não existe um conhecimento autônomo de educação, mas é autônoma ela própria, como autônomas são artes e, sobretudo, as belas-artes, uma delas podendo ser, ouso dizer e mesmo pretender – a educação (Ibidem, p. 21).

Essa visão se coaduna perfeitamente com a perspectiva teórica pragmática (tão cara a esse autor que nos anos 1920 fora aluno de John Dewey, um dos principais expoentes do pragmatismo na América do Norte), pois, sendo um conhecimento aplicado, a reconstrução da experiência social acumulada, mediada pelas atividades pedagógicas e assimilada no nível individual sob a forma de conhecimentos, viria a se desenvolver por métodos de ensino ativos e de atividades pedagógicas vinculadas à realidade social dos educandos, o que somente seria possível por meio de um trabalho de pesquisa paralelo às escolas e desenvolvido por instituições vinculadas aos sistemas de ensino, mas que a estes não pertenceriam. Eis então a ideia matriz dos CRPEs e do CBPE: um conjunto de instituições de pesquisa cujos levantamentos dos problemas educacionais seriam realizados por cientistas das mais diversas áreas das Ciências Humanas (como a Psicologia, a Sociologia e a Antropologia), alocados nos CRPEs e no CBPE com essa finalidade (XAVIER, 1999). Paralelamente a isso, Anísio Teixeira pretendia construir uma rede de escolas experimentais nas quais os métodos e as técnicas oriundos de levantamentos e pesquisas realizados nos já mencionados centros de pesquisa educacional seriam aplicados, de modo que as escolas seriam então locais de junção entre a pesquisa teórica e as ações educacionais concretas.

Se a educação era vista como uma arte cujos conhecimentos técnicos (psicológicos, antropológicos, sociológicos etc.) viriam a fornecer aportes, então nada mais justo do que relacionar o planejamento educacional na perspectiva de Anísio Teixeira a uma prática de racionalização e (re)construção da experiência educacional, com base na utilidade de ações e conhecimentos desenvolvidos na esfera teórica.

É por isso que sua ação no âmbito da administração pública brasileira já propunha algumas décadas atrás a aplicação da noção de sistema no que diz respeito à organização de escolas e redes de ensino. Essa noção comporta a ideia central de que não obstante a qualidade devesse ser a mesma em todas as escolas, as especificidades culturais locais (reveladas pela pesquisa empreendida nos CRPEs e no CBPE) seriam fonte de parte relevante do ensino ativo dessa escola que Anísio Teixeira procurou implantar ao longo de sua atuação como diretor do Inep.

Por último, mas nem por isso menos importante, cabe ressaltar na atuação deste autor o fato de que o planejamento educacional possuía um caráter dinâmico alimentado tanto pelas experiências pedagógicas desenvolvidas na prática cotidiana (principalmente dos professores e dos administradores escolares) quanto pelos resultados das pesquisas educacionais mais recentes trazidos pelos cientistas cujas pesquisas se dedicam à educação enquanto objeto de estudo.

Durmeval Trigueiro Mendes: o planejamento educacional no Brasil analisado e discutido nos anos 1960 e 1970

Este é um autor cuja reflexão filosófica e teórica, bem como seu indiscutível trabalho como pensador, é tão profícua quanto desconhecida na atualidade. Seus principais momentos de atuação se deram nos anos 1960-1970. Foi diretor de ensino superior entre 1961-1964 no Inep, além de ocupar entre 1960-1970 um dos lugares no antigo Conselho Federal de Educação (CFE – hoje Conselho Nacional de Educação – CNE).

Trata-se de um autor de grande relevância para a temática do planejamento educacional, não somente por aliar matrizes distintas de pensamento (a dialética marxista a elementos do pensamento fenomenológico), como também por ter uma concepção de planejamento educacional muito avançada para sua época e até para os dias de hoje. Vejamos o que esse autor expunha acerca de suas concepções de planejamento educacional:

> É um empreendimento caracterizado pela sua ampla compreensividade, que repele os unilateralismos – o político, o científico, o econômico, o pedagógico, etc. – assim como repele ficar enclaustrado em mera racionalidade técnica. Ele expressa a aspiração e, até certo ponto, a possibilidade de superar a violência, o irracionalismo e o empirismo – mas a sua transcendência se afirma pela incorporação, e não pela exclusão de todos os aspectos da realidade. A sua racionalidade não tem o direito de ser ingênua nem acomodada: tem de ser apenas realista (MENDES, 2000, p. 46).

Com esse excerto, é possível antever um enfoque analítico que supera em muito os reducionismos (unilateralismos, nas palavras do autor) que caracterizavam boa parte das vertentes teóricas e, de certo modo, a atuação concreta de teóricos e operadores do planejamento educacional de sua época. Igualmente se depreende que, para Durmeval Trigueiro Mendes, não cabia reduzir o "empreendimento" a mero esquematismo técnico ou mera aplicação da vontade política. Afirma ainda que a racionalidade que enseja esse empreendimento precisa ser realista e sua estrutura se dá mediante a incorporação de todos os aspectos da realidade (tarefa que julgo ser muito difícil quanto ao resultado final). Ora, se essa racionalidade deve ser realista, cumpre então compreender que a realidade desde os seus aspectos materiais e históricos (e, portanto, sua visão é tributária da teoria marxista) é mutável e dialética, abrangendo um espaço de transformação mútua tanto para quem opera o planejamento quanto para a realidade à qual esse planejamento se dirige. A respeito do processo de planejamento, o autor indica:

> i. que o planejamento é um processo continuado e cumulativo, que requer estrutura definida e permanente como elemento de fixação de suas experiências; ii. que ele constitui um método de articulações entre diferentes ciências e técnicas, claramente estabelecidas e apuradas pelo convívio duradouro; iii. que ele representa a forma de estabelecer um *continuum*, tendo como fio condutor o "projeto" e sua máquina de apoio, sob as flutuações da política e da administração.

> Por todas essas razões, ele é instrumento da política nacional, quer dizer, do projeto nacional (Ibidem, p. 55).

Será necessário então detalhar, explicar e realçar a *nuance* desse complexo modo de pensar aplicado ao planejamento educacional, o que farei examinando detalhadamente cada um dos elementos desse processo apontados pelo autor.

No tocante ao primeiro dos pontos, conforme se percebe, o processo de planejamento tal como pensado por Durmeval Trigueiro Mendes (e do qual o planejamento educacional sem dúvida faz parte) possui um caráter de atualização permanente, na medida em que é continuado e cumulativo, agregando os resultados das experiências obtidas mediante sua aplicação e desenvolvimento. É possível perceber nesse trecho um traço do processo dialético,[4] uma vez que o planejamento altera as estruturas prévias, tendo em vista que a experiência do planejador também se altera e, consequentemente, altera a realidade concreta. Esse caráter de atualização permanente faz que a concepção de planejamento de Durmeval Trigueiro Mendes leve à noção de que esta é uma tarefa permanentemente inacabada e em contínuo processo de aprimoramento.

No que diz respeito ao segundo ponto, ao indicar que esse processo constitui um método de articulação entre diferentes ciências e técnicas, resultam daí duas decorrências: a) para Durmeval Trigueiro, assim como para Anísio Teixeira, o planejamento educacional pressupõe dupla articulação entre ciência e técnica (tendo em vista que, para Anísio Teixeira, sem que houvesse a redução do caráter técnico dos estudos científicos em educação, esta seria uma arte); b) embutida nessa premissa de articulação entre ciências e técnicas está uma epistemologia da prática na qual somente em permanente contato e intercâmbio entre teoria e empiria o mister do planejador poderia se realizar. Igualmente se apresenta a noção de interdisciplinaridade, pois o planejamento seria a atividade aglutinadora por excelência no que compete às diferentes áreas de conhecimento. Impossível não

---

[4] Para Marx, a realidade altera-se segundo um processo (integrante do que o autor chama de materialismo dialético) no qual o estado atual de coisas (tese) se altera mediante o confronto com o seu contrário (antítese), resultando em uma nova configuração do real (síntese), a qual será novamente confrontada por seus elementos contrários, de modo que exista um ciclo permanente de mudanças sociais e materiais denominado processo dialético.

estabelecer um paralelo com a visão de Anísio Teixeira quando esse autor indica que as diferentes ciências ligadas à educação (como a Psicologia, a Sociologia e a Antropologia) trazem diversos aportes à educação sem, no entanto, descaracterizar seu caráter de conhecimento aplicado (e, consequentemente, comparável às artes). Ambos os pensadores veem a educação e o planejamento educacional como nexos de intersecção entre diversas disciplinas e diversos modos de produção de conhecimento (teoria/empiria e ciência/arte).

Em relação ao terceiro dos pontos do processo de planejamento, cabe salientar que o *continuum* apontado pelo autor reúne as dimensões da técnica e da política. Há de se levar em consideração o fato de que o texto do qual esse excerto foi retirado integra a tese de doutorado de Durmeval Trigueiro Mendes, escrita em 1972 e defendida na Universidade de Michigan. Não há como ignorar que o Brasil (objeto de estudo de Durmeval em sua tese sobre o planejamento educacional brasileiro) estava sob a égide de um regime militar, o qual defendia em matéria de educação uma desvinculação (quando não uma oposição) entre a racionalidade técnica e a política. A proposta de Durmeval nesse sentido é, no mínimo, ousada, ou seja, indo na direção oposta do que se pensava à sua época no Brasil, pois defende que política e técnica devem ser reunidas a partir do planejamento educacional em nível nacional, dando a este uma diretriz que seria ao mesmo tempo utilitária e identitária, porque se voltaria fundamentalmente para os problemas brasileiros, tanto no âmbito da técnica quanto no de da política.

Por tudo o que fora exposto, há de se dizer que a concepção de planejamento educacional de Durmeval Trigueiro Mendes resulta avançada e ousada também pelo fato de que a atividade do planejador se dá no âmbito de sua prática concreta, estando longe de se limitar à mera reprodução de fórmulas ou tentativas de adaptação de conhecimentos experimentados em outros lugares. É por isso que é um autor que merece ser destacado, pois sua perspectiva teórica ainda hoje aponta caminhos para a superação da dicotomia entre política e técnica, bem como para que seja possível dar ao planejamento educacional um caráter vivo e dinâmico, típico das atividades humanas, pois, quando se planeja a educação, é impossível esquecer que esta é uma atividade que se destina a impactar a vida das pessoas.

O planejamento educacional do ponto de vista teórico e epistemológico

O assunto abordado na seção anterior destinou-se a realizar uma exposição de elementos teóricos, metodológicos e práticos de experiências desenvolvidas no Brasil no que diz respeito ao planejamento educacional. Esses são autores que, ao mesmo tempo que desenvolveram trabalhos considerados clássicos no que se refere a essa temática, legaram uma série de realizações por meio das quais os educadores podem (e sem dúvida alguma puderam) se inspirar no sentido de fazer avançar a Pedagogia, sobretudo em relação ao planejamento educacional e aos campos investigativos a ele conectados. Vamos então à sequência da proposta deste capítulo, qual seja, a de tratar algumas das interfaces do planejamento educacional, além de definir o caráter interdisciplinar dessa subárea da Pedagogia.

A concepção de planejamento educacional que procuro apresentar é, de certo modo, tributária da postulada por Anísio Teixeira, na medida em que compreendo que seu estatuto epistemológico o situa no cerne da Pedagogia e o caracteriza como subárea de conhecimento vinculada à grande área da educação. Ocorre, porém, que muito mais do que se reduzir a um mero apêndice da Pedagogia, o planejamento educacional recebe contribuições de outras áreas de conhecimento, as quais participarão em maior ou menor medida da elaboração de ações, planos e programas (os quais têm sempre como atividade-fim a educação). Assim, conforme exposto por Anísio Teixeira no que se refere à educação, entendo que o planejamento educacional apresenta uma estrutura epistemológica "aberta" e "flexível". Aberta pelo fato de que, dependendo dos objetivos educacionais esposados, poderá "beber de diferentes fontes" (por exemplo: o planejamento educacional realizado em larga escala, no nível nacional, não poderá prescindir de sinopses estatísticas comuns a estudos econômicos e demográficos); e flexível devido a sua característica de aplicabilidade cuja "geometria variável" permite que sejam desenvolvidos elementos de planejamento educacional nos mais variados níveis, os quais (conforme vimos anteriormente) vão desde o nível das salas de aula até o nível da planificação internacional dos sistemas de ensino (tal como pode ser observado em documentos da ONU e da Unesco).⁵

Decorrente dessa linha de raciocínio, conclui-se igualmente que o planejamento educacional, não obstante a sua característica identitária voltada a objetivos que têm a ver com ensino-aprendizagem, recebe contribuições das mais diversas áreas de conhecimento, e isto por meio de uma relação instrumental com elas, ou seja, muito antes de desnaturar o planejamento educacional, os conhecimentos advindos de outras áreas (como a demografia, a economia e a educação) servem de suporte para todos os que se dedicarão a elaborar ações, projetos, planos e programas nas mais diversas realidades educativas. Igualmente, cabe lembrar a diretriz dada por Durmeval Trigueiro Mendes ao planejamento educacional quando indica que política e técnica deveriam estar unidas na mesma prática por meio de um projeto nacional de superação dos problemas educacionais.

Dito isto, é possível indicar de forma esquemática que o planejamento educacional possui uma estrutura matricial flexível e cuja forma lembra a de uma espiral cujas voltas representariam os diversos níveis de atuação (das salas de aula até os sistemas de ensino tomados em uma escala mundial). Igualmente, por toda a estrutura da espiral, haveria reentrâncias e saliências que representariam os pontos de conexão entre a atividade do planejamento e as mais diversas áreas de conhecimento. Lembremos a esse respeito o que coloca Durmeval Trigueiro Mendes acerca do planejamento educacional como atividade destinada a abarcar todos os elementos da realidade (como visto anteriormente).

Assim, após as reflexões e as análises das obras dos autores anteriormente mencionados, é correto situar a perspectiva epistemológica envolvida no planejamento educacional no limiar entre a Interdisciplinaridade (na medida em que se relaciona a diversas subáreas da educação) e a transdisciplinaridade, já que não somente está associada às mais diversas áreas de conhecimento, assim como produz um tipo de conhecimento que possui especificidades concernentes à

---

⁵ Como exemplo primordial deve ser mencionado o livro: *Educação:* um tesouro a descobrir (DELORS, 2010), em seu relatório para a Unesco da Comissão Internacional sobre Educação para o Século XXI. Neste, são analisados os indicadores globais da educação para o presente século e as propostas da Unesco para o conjunto dos países membros da ONU, além de serem projetadas as tendências mundiais em relação à educação para o período que vai do ano 2000 até 2099.

atividade humana de tentativa de controle do tempo e do espaço (característica do planejamento), no que diz respeito a objetivos situados no escopo do ensino e da aprendizagem. É preciso igualmente lembrar que os processos implicados na consecução desses elementos requerem toda uma sorte de elementos teóricos e empíricos, objetivados em uma prática constante de planejar e alterar esse planejamento de acordo com as exigências concretas do real, tal como postulado por Durmeval Trigueiro Mendes quando indica que o planejamento é atividade em permanente atualização a partir do confronto entre teoria e prática, os quais possuem uma relação dialética e indissociável.

Com essas observações, concluo o capítulo concernente às interfaces do planejamento educacional e seu caráter interdisciplinar. No próximo capítulo será abordada de forma detalhada a relação entre pesquisa educacional e planejamento educacional. Previamente é escusado que as duas possuem uma relação quase que indissociável, do ponto de vista tanto prático quanto teórico e epistemológico, chegando a se retroalimentarem em muitos casos.

CAPÍTULO 4 – Pesquisa educacional e planejamento educacional

> Uma abordagem sobre os contextos de pesquisa exige explicitar, antes, de qual pesquisa se fala, tendo em vista as diversas possibilidades de se entender esta prática. Entendo a pesquisa como uma ação intencional e metodologicamente estruturada na busca de uma resposta para uma pergunta previamente elaborada. Produzir pesquisa é ser criativo, reinventar a história e os fazeres humanos sob um olhar particular (FERREIRA, 2009, p. 44).

Não há planejamento sem pesquisa que o preceda. Com o planejamento educacional não é diferente. A pesquisa é a base do planejamento por uma razão simples: a atividade de planejar está ancorada na realidade, e essa "ancoragem" depende da pesquisa (especialmente a pesquisa científica) se há a necessidade de alguma previsibilidade quanto às decorrências do planejamento. Nesse sentido, concordo com a seguinte definição de pesquisa: "[...]uma ação intencional e metodologicamente estruturada na busca de uma resposta para uma pergunta previamente elaborada" (Ibidem, p. 44). A partir dessa definição preliminar, entendo que a pesquisa educacional seria o tipo de ação intencional que busca a resposta de perguntas (e, talvez, de problemas) previamente elaboradas em relação à realidade educacional, a qual, por sua vez, vincula-se *a fortiori* às problemáticas envolvidas na relação ensino-aprendizagem. Partindo desse pressuposto, entende-se que o planejamento educacional e a pesquisa educacional possuem certa homologia quanto à sua natureza, pois ambos se voltam para o atendimento de questões que mobilizam quem a eles se dedica por meio da prática cotidiana ou das grandes questões teóricas ligadas ao fenômeno educativo.

Conforme visto anteriormente, a educação vem a ser uma área de conhecimentos interdisciplinar, o que significa dizer que muitos são os objetos que podem ser abordados em seu âmbito. Essa complexidade, por sua vez, demanda uma variedade de métodos e técnicas de pesquisa que visam à apreensão do real por meio das temáticas ligadas à educação. No que diz respeito ao planejamento educacional (e, sem dúvida alguma, aos objetos ligados a essa temática), há uma relação indissociável com a pesquisa. Usando uma metáfora, é possível ver o planejamento educacional como o tronco de uma árvore, sendo a realidade educacional o solo e as raízes compostas pela dimensão investigativa da Educação. Antes de avançar mais nessa reflexão, cabe, porém, indagar: o que é pesquisa educacional? Vejamos adiante algumas considerações a respeito.

Pesquisa educacional ou pesquisas educacionais?

Assim como muitos são os temas possíveis de ser estudados na área de Educação, muitos são os enfoques possíveis para o desenvolvimento de pesquisas. Com o intuito de tentar organizar essa miríade de metodologias e teorias de pesquisa ligadas à educação, utilizo um raciocínio analítico, o qual procura ir do mais complexo ao mais simples. Partindo dessa premissa, há de se responder à pergunta inicial: a chave para compreender a pesquisa educacional está na noção de unidade na diversidade.[1] Assim, saliento que a pesquisa educacional é única quanto a sua matéria (o ensino e a aprendizagem em suas mais diversas "encarnações") e diversa quanto a sua forma (as variadas abordagens, métodos, técnicas, objetos, tempos, modos e espaços em que essa pesquisa se desenvolve). Sigamos essa linha teórica em direção ao detalhamento dessa "forma" (no sentido aristotélico da palavra).

A princípio é possível dividir a pesquisa educacional em abordagens. Essas abordagens caracterizam o *modus operandi* a partir do qual será desenvolvida

---

[1] Immanuel Kant, em sua *Fundamentação da Metafísica dos Costumes* (2001), indica que as ciências e a Filosofia guardam uma relação de unidade na diversidade, ou seja, ainda que em nível epistemológico possuam origens distintas e campos de aplicação igualmente distintos, a busca pelo conhecimento do mundo empírico (concreto) por meio do uso dos sentidos e da aplicação de teorias é previamente construída com essa finalidade. Falar em unidade na diversidade é, portanto, referir-se a um tipo de conhecimento que é único em sua matéria e diverso em sua forma (para retomar a célebre distinção aristotélica entre *matéria* e *forma*).

a metodologia da pesquisa no que se refere ao aspecto mais básico do que se pretende investigar (ALVEZ-MAZZOTTI; GEWANDZSNADJER, 1997). Assim, é possível identificar, grosso modo, as seguintes abordagens:

1. **Quantitativa:** a ênfase está na mensuração dos aspectos significativos relativos ao objeto a que se destina o estudo (exemplo: uma pesquisa cujo objetivo central seja quantificar padrões de desempenho em termos de médias escolares de determinada turma). Cabe fazer uma ressalva: há quem pense que o emprego de técnicas estatísticas, gráficos, tabelas e quadros necessariamente caracteriza a abordagem quantitativa, porém este é um equívoco tão grande quanto tomar um efeito por sua causa. Ainda que boa parte das pesquisas quantitativas lance mão de técnicas (especialmente estatísticas) de mensuração (o que, aliás, é muito natural devido a sua natureza), a definição da identidade dessa abordagem centra-se sobre seu objetivo, a fim de quantificar determinado fenômeno ou objeto educativo. Para caracterizar esse enfoque, a pergunta crucial que se faz em uma abordagem quantitativa é: "quanto" ou "quantos/as" (por exemplo: quantos alunos obtêm nota máxima? A quanto corresponde em termos percentuais o *score* x?). Outro elemento relevante acerca da abordagem quantitativa é que ela realiza uma espécie de "raio x" ao recortar o momento do tempo em que se processa a investigação. A ênfase desta está no entendimento dos momentos finais ou iniciais de um processo, sem serem levadas em conta as etapas intermediárias do referido processo. Assim, o caráter descritivo da abordagem quantitativa é forte, pois, para poder mensurar qualquer fenômeno ou evento, há de descrevê-lo (do contrário seria impossível a sistematização dos resultados encontrados depois de a pesquisa ser efetuada), de maneira que comunique os resultados relativos ao comportamento da realidade investigada no momento em que o recorte temporal da pesquisa foi realizado. Ainda sobre esse enfoque, deve ser ressaltado o fato de que sua validade é extensiva, ou seja, há a necessidade de certa universalização dos resultados e certa extensibilidade dos dados a objetos similares, isto por que a referida abordagem possui um critério que é derivado da estatística, que se coloca

para os estudos quantitativos de forma geral (não somente para a área de educação). Esse critério é o da representatividade da amostra, ou seja, em um estudo de natureza quantitativa, há de se demonstrar que o número de sujeitos escolhidos (instituições, populações, sistemas de ensino etc.) permite que seja inferido o comportamento de todo o universo do qual esses sujeitos fazem parte, do contrário a quantificação realizada na pesquisa poderia induzir a erros.[2]

2. **Qualitativa:** o enfoque qualitativo, por sua vez, caracteriza-se por procurar compreender o fenômeno (em nosso caso, sempre ligado ao campo educativo) pela ênfase na compreensão de seus processos (LAKATOS; MARCONI, 2003), ou seja, a pergunta central para quem se utiliza desse enfoque é: como? (por exemplo: como se caracteriza a trajetória escolar do grupo de alunos investigado na pesquisa?). No que diz respeito ao modo como esse processo é compreendido, cabe indicar que há uma grande variedade de técnicas e metodologias, porém o elemento que as torna comuns se assenta sobre o imperativo de que a abordagem qualitativa pressupõe uma modalidade de investigação na qual as modificações de determinado objeto/fenômeno precisam ser registradas de maneira intensiva, com o máximo de detalhes possível, a fim de subsidiar as interpretações que se seguem. Por isso, é comum na abordagem qualitativa o recurso a técnicas de registro de largos períodos de tempo, mesmo que isto implique utilizar poucos sujeitos como amostra da pesquisa. Como critério de validade, o mais comum é o da triangulação (CANEN, 2006), no qual o mesmo objeto é submetido a diversas técnicas de estudo para verificar se os resultados são ao menos comparáveis entre si. Discrepância entre as técnicas pode indicar que a pesquisa foi mal formulada em alguma de suas etapas, requerendo então uma nova pesquisa. Pela sua natureza compreensiva (no sentido sociológico do termo, relativa à investigação

---

[2] As sondagens de opinião comuns em eleições ilustram isso. Tomemos como exemplo uma enquete com o objetivo de verificar a intenção de votos entre dois partidos. Se tal enquete for realizada entre membros do diretório de um dos referidos partidos, os dados não representam o universo amostral da população que deveria ser investigada e, portanto, geram distorções que tornam inválida a pesquisa.

dos processos e dos fenômenos sociais), a pesquisa qualitativa presta-se a captar com detalhes práticas e representações, sendo então mais propícia para a investigação de números reduzidos de sujeitos, revelando, no entanto, detalhes que os estudos quantitativos não conseguem aferir em sua abrangência. Ao usar uma metáfora, diríamos que a abordagem quantitativa é como um binóculo que permite ver grandes paisagens a longa distância, enquanto a abordagem qualitativa se liga ao estudo dos elementos microscópicos do mundo.

3. **Experimental:** consiste na abordagem de parte da premissa de que é possível reproduzir os fenômenos do mundo social (ao menos parcialmente) tal como são reproduzidos os fenômenos do mundo natural (em geral em laboratório). Quanto às técnicas, a pesquisa experimental pode se apoiar tanto em técnicas utilizadas em abordagens quantitativas quanto naquelas comuns em abordagens qualitativas, porém o que distingue primordialmente esse tipo de estudo é o fato de que ele utiliza "grupos de controle", ou seja, aplica as técnicas de controle escolhidas (um questionário ou um roteiro de observação, por exemplo) a uma população "a" e realiza uma aplicação similar a uma população "b", introduzindo ou retirando algum elemento que estaria presente nas condições relativas à primeira das populações, sendo este o grupo controle.[3] Ainda sobre a abordagem experimental, cabe indicar que esta enfatiza como elemento principal a comparação entre objetos, sujeitos e fenômenos (no caso da pesquisa educacional, fenômenos vinculados ao ensino-aprendizagem), e, se fosse pensada uma pergunta que daria a tônica dessa abordagem, esta seria: nas condições "x" se verifica o mesmo fenômeno observado nas condições "y"?

Sobre essas abordagens, cabe ainda indicar que podem ainda agrupar três olhares teóricos distintos:

---

[3] Nos anos 1950 a 1970 tornaram-se célebres no Brasil algumas escolas experimentais como a Escola Guatemala, na qual foram testados diversos métodos didáticos experimentais referentes à alfabetização de crianças (SANTOS; LIMA, 2006). Em didática, esse tipo de abordagem é bastante comum por esta ser uma subárea da educação com caráter eminentemente prático.

1. **Objetivista**: para o qual é possível estruturar uma pesquisa em que o pesquisador consegue isolar a sua subjetividade dos elementos empíricos, os quais todos fariam parte de uma realidade objetiva que se dá a conhecer mediante o emprego da pesquisa. Para essa perspectiva teórica (que pode estar presente em todos os enfoques, mas que dá suporte total ao enfoque neopositivista), os dados consistem na própria realidade, cabendo ao pesquisador interferir o mínimo possível com suas crenças, visões de mundo, ideias políticas e visões científicas.

2. **Subjetivista:** olhar teórico por meio do qual não somente se assume que a subjetividade do pesquisador interfere no objeto de pesquisa, como pressupõe igualmente as premissas de que: 1) cabe ao pesquisador explicitar justamente quais são as suas motivações, ideias, crenças, visões políticas e sociais no momento da pesquisa (para demonstrar o quanto estes elementos influem na construção da pesquisa); 2) importa muito mais compreender e interpretar o objeto/fenômeno social (e, insisto, em nosso caso tratamos dos objetos/fenômenos ligados à educação) do que meramente descrevê-lo. Se na perspectiva *objetivista* a descrição é a operação intelectual que mais importa na pesquisa, na perspectiva subjetivista a interpretação e a contextualização dos dados são as mais importantes operações intelectuais envolvidas no tratamento dos dados.

3. **Interacionista/Relacional:** esta é uma forma de enxergar a realidade que parte do pressuposto de que, na relação entre sujeito (pesquisador) e objeto (a empiria e os dados estudados), é justamente a interação entre ambos, bem como o conhecimento do contexto em que se dá a pesquisa e em que se situa a realidade investigada, o que se deve privilegiar numa investigação. Para essa perspectiva, é importante considerar de modo multidimensional todos os atores possíveis (subjetivos e objetivos), aliando então a descrição e a interpretação numa perspectiva de ampliação da complexidade, a qual tem por finalidade captar os dados, conhecer seu processo de construção e tratá-los de maneira ao mesmo tempo descritiva e interpretativa.

Além das referidas abordagens e olhares teóricos, há várias metodologias utilizadas em matéria de pesquisa educacional, cujo uso variará de acordo com o tipo de objeto a ser investigado. Deve ainda ser salientado o fato de que as referidas abordagens podem ainda combinar-se em estudos de caráter (por exemplo) qualitativo-quantitativo, nos quais parte dos objetivos se destina a mensurar um dado fenômeno e parte se dedica à compreensão/investigação de processos relativos a esse objeto/fenômeno. Igualmente, torna-se relevante destacar que, assim como as abordagens delimitam o tipo de pesquisa que será feito, o olhar teórico do pesquisador condiciona as técnicas que serão utilizadas. Esse olhar teórico, por sua vez, condiciona a existência de enfoques que dele são derivados. Assim, entre os muitos enfoques teóricos destacam-se:

1. **Fenomenológico:** o enfoque fenomenológico privilegia as percepções dos sujeitos e o entendimento de determinado fenômeno social por meio dos aspectos intrínsecos a estes. É comum nesse enfoque o recurso a instrumentos que captem as representações dos sujeitos (por exemplo) pela análise de discurso (FRANCO, 2005) ou pela análise retórica (PERELMAN; OLLBRECHTS-TYTECA, 2001). O enfoque, por se voltar a uma compreensão endógena dos fenômenos sociais (e, em nosso caso, às questões internas aos sujeitos e relativas ao ensino-aprendizagem), dará ênfase a grupos reduzidos, pequenas populações, procurando verificar como estes (res)significam a realidade concreta. Exemplo clássico desse tipo de enfoque na área de educação está no trabalho de Maria Helena de Souza Patto (2000) intitulado: *A produção do fracasso escolar,* no qual, com base em entrevistas e observações dirigidas a um grupo pequeno de sujeitos com histórias de reprovação e repetência em escolas da periferia de São Paulo, procura compreender de que maneira eles dão sentido a essas situações, bem como verifica quais elementos presentes na escola e na sociedade se associam, fazendo-os fracassar em suas trajetórias estudantis.

2. **Crítico-Dialético:** o enfoque crítico-dialético é derivado da teoria marxista e procura associar o objeto às condições econômicas (principalmente), sociais e históricas que se relacionam àqueles sujeitos e fenômenos.

É comum, nesse sentido, serem consideradas de modo privilegiado as condições macroestruturais (como nível de renda, tipo de ocupação e produto interno bruto) como decisivas (ou ao menos fortemente condicionantes) de determinado fenômeno social. A ideia central em termos de pesquisa nesse enfoque é estudar os objetos por meio de suas contradições (daí o caráter dialético), as quais seriam inerentes a toda sociedade capitalista. Como exemplo de estudo com esse enfoque, temos os que se produzem na subárea da educação denominada trabalho e educação, os quais buscam relacionar evasão e baixo desempenho escolar à exploração dos trabalhadores no sistema capitalista, a qual viria a se observar na manutenção de uma escola que reproduz as desigualdades entre ricos e pobres, travestindo-a de uma desigualdade de desempenho entre os alunos de classes trabalhadoras e os das classes sociais mais favorecidas da sociedade.

3. **(Neo)Positivista:** para esse enfoque, importa utilizar técnicas capazes de descrever determinada realidade com a maior riqueza de detalhes possível, considerando determinado momento do tempo. Também chamado de descritivista, a premissa principal está no caráter de verdade conferido às evidências obtidas mediante uma pesquisa. Nesse tipo de enfoque, a expressão "os dados falam por si" ilustra de que maneira a empiria é abordada. Como a ideia central é a de que os dados são a verdade, há críticas muito bem fundamentadas no sentido de que os dados são construídos, e que, portanto, não há de se falar de dados com caráter heurístico absoluto quando eles são construídos por pessoas, o que os torna necessariamente passíveis de erro.

4. **Histórico:** o enfoque histórico visa apreender mudanças e permanências de determinado objeto em certo período de tempo. Se no enfoque positivista se parte do pressuposto de que a realidade é estanque e os dados são absolutos, no enfoque histórico, ao contrário, subentende-se que o tempo é fluido e a realidade social se modifica ao longo da passagem do tempo, cabendo ao pesquisador registrar os efeitos dessa passagem sobre

o objeto. Vale ressaltar que boa parte dos pesquisadores que utilizam esse enfoque histórico parte do princípio de que o referido registro não é neutro, contendo sempre algo da visão de mundo, história de vida, ideias políticas e concepções teóricas do pesquisador. É por essa razão que o célebre Jacques Le Goff indica que todo documento é também um "monumento" (1985), no sentido de que sua construção é uma seleção dos elementos da memória que o narrador pretendeu preservar da ação do tempo. Um exemplo de estudo com enfoque histórico pode ser encontrado em minha dissertação de mestrado, defendida em 2005, na qual reconstruo a história de uma escola experimental chamada Colégio Nova Friburgo, com o objetivo de verificar de que modo naquela escola e no período de tempo compreendido entre os anos 1962-1976 são desenvolvidos métodos e técnicas pedagógicas inovadoras, mas que, ao mesmo tempo, coexistiam com diretrizes de conduta escolar extremamente conservadoras (SANTOS, 2005). Os principais recursos em termos de técnicas que se utilizam nesse enfoque são os da análise de documentos, de registros de memória (fotografias, monumentos, utensílios etc.) e de relatos orais de pessoas que tenham vivido os acontecimentos que se pretende investigar. Por último, mas nem por isso menos importante, cabe caracterizar esse enfoque como tendo uma relação direta com o eixo tempo-espaço, em que o tempo se capta a partir do período histórico determinado pelo pesquisador e o espaço se refere a todo e qualquer elemento de registro da memória correspondente ao período de tempo analisado.

Os enfoques foram apresentados de modo sintético e esquemático, visando caracterizar os principais usos que deles se fazem na pesquisa educacional. Sabemos que há a possibilidade de serem combinados elementos distintos provenientes de cada um destes, o que vai acontecer dependendo da opção do pesquisador na delimitação de seu objeto de estudos. Como a pesquisa efetua sucessivos "recortes" da realidade educacional, torna-se claro que esses recortes representam escolhas feitas pelo pesquisador ao longo de sua relação com o objeto de estudo. Após essa explanação, cabe destacar que as técnicas são escolhidas tanto em função do objeto a ser estudado, quanto em função do enfoque teórico, não havendo necessariamente uma conexão direta entre a abordagem, o enfoque e a técnica quanto à sua predeterminação; porém, ainda assim, para os fins pretendidos nesta obra, são indicadas algumas das técnicas mais recorrentes:

1. **Questionários/*Surveys*:** é a técnica que dá suporte de modo preferencial a estudos em larga escala. Sua aplicabilidade se presta a estudos com abordagem tanto qualitativa, quanto quantitativa, sendo que, neste último caso, a sua afinidade teórico-metodológica é maior por permitir captar um volume de informações direcionadas ao que se pretende estudar em um tempo relativamente curto. A característica principal dos questionários/*surveys* no que tange à pesquisa educacional se liga ao fato de que eles permitem que se consiga um "retrato" fiel da realidade do momento imediato em que foram aplicados, apoiando com maior segurança a captação de informações escritas. Há de se destacar, porém, que justamente a sua maior virtude é sua maior fraqueza, ou seja, da mesma forma que esta é uma técnica de pesquisa que consegue captar elementos informacionais relativos aos sujeitos pesquisados com relativa rapidez, isto não significa que possa subsidiar com maior precisão análises qualitativas que focalizem um processo de longa ou média duração (por exemplo, uma trajetória escolar).

2. **Observação participante:** esta é uma técnica de pesquisa que parte da premissa de que o pesquisador não é neutro e que a sua presença no ambiente e com os sujeitos pesquisados já importa modificações ao objeto que será investigado. Assim, o pesquisador não somente explicita a sua condição de pesquisador (no ambiente investigado), como parte do princípio de que é necessário evidenciar os motivos que o ligam ao objeto de estudo. Deve ainda ser ressaltado que é muito comum nesse tipo de pesquisa ser desenvolvida uma proposta de intervenção na realidade por parte do próprio pesquisador, o qual, por meio desta, descreve e interpreta os dados posteriores a essa intervenção.

3. **Entrevistas semiestruturadas:** as entrevistas semiestruturadas consistem numa técnica pela qual se busca investigar o discurso e as representações do(s) sujeito(s). Isto é feito por meio de um roteiro de temas que são introduzidos durante a entrevista, porém sem que exista uma sequência rígida de perguntas, havendo ainda a possibilidade de introduzir outras com temas diversos dos elencados no roteiro. Esse instrumento/técnica se presta principalmente a estudos baseados em abordagens qualitativas e que visem a um estudo intensivo do discurso de pequenas populações de sujeitos. Para a análise dos dados obtidos, utilizam-se normalmente técnicas de análise de conteúdo (FRANCO, 2005) e de análise retórica (PERELMAN; OLLBRECHTS-TYTECA, 2001) e o objetivo é captar os impactos da subjetividade dos investigados nesse discurso.[4]

4. **Grupo focal:** esta corresponde a uma técnica que procura verificar no nível dos pequenos grupos a influência e o poder persuasivo dos modos de pensar majoritários e relativos à(s) ideologia(s) dominante(s) em determinado contexto histórico e social. A utilização dessa técnica pressupõe o uso de estratégias que se assentam na Psicanálise e na Antropologia (como a dramatização e a elaboração de conteúdos por meio de ideias-chave). A ideia é realizar a investigação por meio de entrevistas dirigidas a pequenos grupos de sujeitos delimitados por características pontuais (como, por exemplo: faixa etária, sexo, nível de renda e ocupação). A observação e a descrição das estratégias de agregação e afastamento dos componentes do grupo, tomadas em função dos conteúdos propostos pelo roteiro de condução do grupo focal, são a base da utilização dessa técnica. Deve ainda ser salientado o fato de que esta é uma técnica que possui afinidade teórica com a abordagem qualitativa devido a sua metodologia compreensiva pensada por meio dos processos de desenvolvimento e (re)elaboração das noções assimiladas pelo grupo focal e que se encontra de modo difuso no contexto histórico

---

[4] Sobre essas técnicas, deve ser salientado que, enquanto a análise de conteúdo procura averiguar a repetição de temas e ideias (representações) presentes em um discurso, a análise retórica procura identificar como os argumentos são construídos, posicionados e repetidos a fim de construir estratégias de persuasão por parte do emissor do discurso, as quais se relacionam sempre ao campo/ambiente (auditório) a quem se destina esse discurso.

e cultural em que se inserem os indivíduos focalizados. A análise de conteúdo e a análise retórica se colocam como possibilidades privilegiadas no sentido de permitir objetivar os referidos elementos ideológicos e assim captar a dinâmica das práticas e das representações do referido grupo. Em matéria de educação, esse tipo de técnica de pesquisa é utilizado com certa frequência quando se busca antecipar reações de determinados tipos de atores (como professores e alunos) a temas polêmicos ou a situações inusitadas e que tenham a ver com a realidade educacional desses atores (por exemplo: temas amplos como violência na escola).

5. **Análise de documentos:** este é um instrumento/técnica de pesquisa que visa extrair informações presentes em documentos. Conforme visto no item que trata do enfoque histórico, esse tipo de técnica importa a utilização de diversas técnicas de análise (e, de certo modo, de decodificação) das condições de produção, do contexto histórico, social e cultural e das intencionalidades dos autores dos referidos documentos. Cumpre nessa técnica analisar esses documentos a fim de torná-los como se fossem elementos heurísticos absolutos. Nesse sentido, é dado como pressuposto o fato de que os documentos, enquanto fontes de informação, precisam ser relativizados e confrontados com outras maneiras de registrar a realidade educacional (nos moldes do critério de validação da triangulação). Na área educacional, esse tipo de estudos possui afinidade teórica com os estudos ligados à abordagem histórica, mas também a temas associados à mediação jurídico-política da educação. Conforme será visto adiante, este é um instrumento/técnica que possui grande relevância para certas modalidades de planejamento educacional.

Toda esta longa, porém necessária, introdução à pesquisa educacional tem por objetivo trazer algumas explicações de grande relevância para que sejam delimitadas as noções relativas à educação no que tange à pesquisa, pois se subentende que tanto o planejamento educacional necessita dos conhecimentos trazidos pela pesquisa, quanto a pesquisa educacional necessita de elementos do planejamento educacional.

O planejamento na pesquisa educacional e a pesquisa no planejamento educacional

Assim como a pesquisa (de qualquer natureza) não pode prescindir do planejamento de seus passos e da delimitação de suas abordagens e instrumentais teóricos, o planejamento educacional, por seu turno, não pode ser realizado sem que algum tipo de pesquisa lhe seja aplicado. Como foi visto no item anterior, há uma relação entre essas duas atividades (o planejamento e a pesquisa). Essa relação, por sua vez, permite entrever um duplo movimento, ou melhor, uma interação dinâmica entre o planejamento e a pesquisa (enquanto *modus operandi* atuam como integradores da educação).

A pesquisa é uma atividade humana, que pressupõe a vontade e o desejo de investigar, de conhecer mais a respeito de algum elemento do real, mas a este desejo não se circunscreve. Para que seja efetuada, é necessário que sejam organizados os procedimentos, passos e prazos por meio dos quais ela será executada. Em matéria de educação, isto não é nem um pouco diferente, e mais: os processos de planejamento de uma pesquisa nessa área de conhecimento necessitam de um roteiro/elenco específico de procedimentos aplicáveis à multivariada gama de estudos educacionais. Vamos a esses procedimentos: a) definir o problema de investigação/pesquisa no espectro da educação; b) elaborar um plano com prazo estimado, escopo da investigação, recursos a serem utilizados; c) expor e concatenar os elementos teóricos e metodológicos que embasam a abordagem da pesquisa; d) ir até a empiria (mesmo que se trate de pesquisa bibliográfica ou da análise de dados estatísticos) e investigar a relação desta com o problema de pesquisa; e) tratar os dados que foram construídos, analisar e dar a eles uma finalidade (normalmente uma finalidade que contribua para a resolução de algum problema específico da área de educação). Conforme se percebe, este é um roteiro que demonstra um dos possíveis usos de técnica de planejamento aplicada à pesquisa educacional mais ainda, trata-se da aplicação do planejamento educacional à pesquisa, pois somente a partir do conhecimento prévio (ainda que incipiente) da realidade educacional se pode estruturar uma investigação consistente nessa área. Assim, não cabe a nenhuma modalidade de planejamento trazer o planejamento educacional (ao menos) como elemento teórico "transversal" à investigação.

No que se refere à importância da pesquisa educacional para o planejamento educacional, é correto afirmar que esta é a base primordial na elaboração de qualquer ação, projeto, plano ou programa que será o objeto da ação de planejar. A pesquisa educacional é a base por meio da qual os conhecimentos prévios, as informações dispersas e as impressões não objetivadas vêm a ser "filtrados" para subsidiar a ação do planejador. Vamos a um exemplo: determinado secretário de Educação municipal pretende realizar uma ação de combate ao analfabetismo entre os alunos do ensino fundamental. Para isso, antes de planejar a ação e concretizá-la sob a forma de um plano ou programa executado na esfera municipal, este mesmo secretário precisa conhecer os Indicadores Demográficos e Educacionais (IDE)[5] a fim de verificar a taxa de analfabetismo do município (tanto para jovens com menos de 15 anos, quanto para a população com idade superior a esta). Esse conhecimento, no entanto, apesar de compor uma ideia panorâmica sobre o indicador de analfabetismo municipal, ainda assim não será suficiente: importa conhecer a localização no município e nas escolas desses analfabetos, de modo que, por meio dos dados mais gerais, poderá ser desenvolvida uma pesquisa nesse sentido, a qual viria subsidiar as referidas ações ao indicar os locais em que se encontram os alunos analfabetos no nível de ensino (ensino fundamental) delimitado.

Com isso, chega-se à conclusão de que, da mesma maneira que o planejamento educacional fornece à pesquisa nessa área uma "forma" (no sentido aristotélico), a pesquisa educacional oferece ao planejamento a "matéria" (igualmente no sentido aristotélico) a partir da qual será desenvolvido o processo de planejar a educação. Nesse exemplo, utilizamos como base de ilustração o planejamento em nível amplo/macro, relativo a uma rede de ensino, porém é igualmente factível ponderar sobre as aplicações da pesquisa em outros níveis de ação, como os da sala de aula ou da instituição escolar (micro e meso).

Após esta primeira parte, é desenvolvido um estudo relativo à análise e à discussão de elementos concretos implicados no planejamento educacional. Em razão disso, a segunda parte tem a ver com o planejamento educacional e as lições da prática.

---

[5] Os referidos indicadores encontram-se disponíveis no *site*: <www.ide.mec.gov.br>.

SEGUNDA PARTE: O PLANEJAMENTO EDUCACIONAL E AS LIÇÕES DA PRÁTICA

CAPÍTULO 5 – Políticas públicas, políticas educacionais e planejamento educacional

> É quase como uma peça teatral. Temos as palavras do texto da peça, mas a realidade da peça apenas toma vida quando alguém as representa. E este é um processo de interpretação e criatividade e as políticas são assim. A prática é composta de muito mais do que a soma de uma gama de políticas e é tipicamente investida de valores locais e pessoais e, como tal, envolve a resolução de, ou luta com, expectativas e requisitos contraditórios – acordos e ajustes secundários fazem-se necessários (MAINARDES; MARCONDES, 2009, p. 305).

A epígrafe que alude ao tema deste capítulo não poderia ser mais ilustrativa: em grande parte das sociedades modernas o poder se exerce por representação, e esta é uma ideia que se coaduna perfeitamente com a performance teatral. Enquanto a legislação se relaciona com a "letra fria" da lei,[1] a política, conforme visto anteriormente, é o espaço de negociações, modificações, acordos e desacordos, caminhos e descaminhos. Ao ser considerada a mediação jurídico-política, faz-se necessário compreender dois pontos: 1) a instância jurídica possui matéria[2] essencialmente teórica[3] e forma essencialmente prática (especialmente no que tange à modificação e à redação do texto final, processo este eminentemente

---

[1] Tal como ilustrado no brocardo latino: *Dura Lex, sed Lex* (A lei é dura, mas é lei, ou, a lei é dura por ser lei).
[2] Lembrando mais uma vez a referência aristotélica aos conceitos de *matéria* e *forma*, tal como apresentados anteriormente.
[3] A esse respeito, não pode deixar de ser mencionado o fato de que, em sociedades modernas, os textos das leis (com ênfase especial nas suas constituições) advêm de textos escritos, os quais, por sua vez, reúnem e sintetizam posições teóricas e políticas dos legisladores que os produziram.

político); 2) a instância política possui matéria essencialmente prática[4] e forma com teor altamente teórico.[5] É nessa interação entre teoria e prática, entre o ideal e o real, entre a matéria e a forma que será desenvolvido o trabalho concernente a este capítulo. Para tanto, vamos iniciar estabelecendo alguns pontos fundamentais sobre as políticas públicas e as políticas educacionais, em especial no que diz respeito à relação destas com o planejamento educacional.

Políticas públicas, políticas educacionais e planejamento educacional: algumas noções básicas

Conforme foi dito na seção concernente à relação entre planejamento educacional e pesquisa educacional, defendo a ideia de que o planejamento educacional guarda estreita e indissociável relação com as políticas públicas, mesmo quando aplicado a instituições educativas privadas. Inicialmente devemos destacar o fato de que as políticas públicas correspondem a: *ações geradas na esfera do Estado e que têm como objetivo atingir a sociedade como um todo, ou partes dela* (SANTOS, 2014, p. 21).

Nesse sentido, há de se observar que tais políticas, ao mesmo tempo que condicionam o planejamento em educação, vão requerer um tipo especial de planejamento em sua formulação. Longe de projetar linhas mestras para todas as áreas da administração pública, será tratado o processo referente ao planejamento de políticas públicas educacionais, enquanto será apresentada a maneira como as políticas públicas (em especial as educacionais) condicionam o planejamento educacional em escolas, instituições de educação superior e sistemas de ensino. Vamos à definição de políticas educacionais utilizada neste livro, a qual corresponde a:

---

[4] Recordemos que o exercício do poder em uma sociedade (tal como referido no primeiro capítulo deste livro), por ser um exercício, necessariamente pressupõe uma ação concreta/prática.

[5] O que não poderia ser de outra maneira, pois a legislação fixa os limites da atuação política, estabelecendo assim um formato (ou um modelo) para que as disputas políticas ocorridas na sociedade não se transformem em crimes ou em eventos que poderiam culminar, por exemplo, em guerras civis.

> toda e qualquer política desenvolvida de modo a intervir nos processos formativos (e informativos) desenvolvidos em sociedade (seja na instância coletiva, seja na instância individual) e, por meio dessa intervenção, legitima, constrói ou desqualifica (muitas vezes de modo indireto) determinado projeto político, visando a atingir determinada sociedade (Ibidem, p. 19).

Ainda tratando de políticas públicas, nesta mesma obra (SANTOS, 2014) indico que elas podem ainda ser objeto de dois sistemas de classificação, sendo o primeiro o que as define a partir de dois critérios: a) quanto ao modo como afetam o acesso a bens, direitos e serviços públicos. Nesse caso, as políticas públicas são, então, divididas em: *distributivas*,[6] *redistributivas*,[7] *regulatórias*;[8] b) quanto a sua duração e vinculação à legislação: *Políticas Públicas de Governo*[9] e *Políticas Públicas de Estado*.[10]

Houve a necessidade desse longo introito às políticas públicas para demonstrar que os processos a elas inerentes não ocorrem "soltos" e que a formulação de políticas educacionais (em maior ou menor medida) incorpora necessariamente

---

[6] Políticas públicas que não possuem custo social aparente e têm uma abrangência tendente à universalização em determinada sociedade. Por exemplo: escolas públicas no Brasil.

[7] As políticas públicas redistributivas, como o próprio nome indica, introduzem uma reestruturação no acesso a direitos, além de modificarem o acesso a bens e recursos no que diz respeito ao estado em que a sociedade se encontrava no momento anterior a sua implementação. Um exemplo bastante ilustrativo está nas assim chamadas *affirmative actions*, as quais não somente promovem o debate e o dissenso a respeito dos direitos sociais, como afirmam a emergência (e a necessidade de políticas que, em determinado momento, atendam prioritariamente a certos segmentos da sociedade, como tem sido feito por meio da instituição de cotas para afrodescendentes em universidades e concursos públicos).

[8] As políticas públicas regulatórias, nessa perspectiva, dizem respeito às normas que instituem o modo como vão ser feitas (e refeitas) as limitações e as possibilidades de aplicação de determinada política pública. As políticas públicas regulatórias são as que dão forma ao campo político e, ao mesmo tempo, são identificadas pelo aspecto formal dos documentos legais que as compõem, pois estes são justamente os elementos concretos que as identificam e comunicam sua existência enquanto enunciadoras desses limites e dessas possibilidades.

[9] As políticas de governo dizem respeito às que possuem uma vinculação absolutamente indissociável com a agenda política de determinado grupo, mas que não se convertem no formato jurídico que as permita se consubstanciar em leis e que, do ponto de vista político, não se projetam para além do escopo do(s) mandato(s) do(s) grupo(s) político(s) formulador(es), ou seja, possuem "prazo de validade".

[10] As políticas de Estado não somente se projetam para além do horizonte de duração de um mandato, mas também se vinculam ao ordenamento jurídico por meio da conversão de suas propostas em textos da legislação.

elementos do planejamento educacional, os quais, conforme fora discutido em capítulo anterior, não se dissociam de maneira nenhuma da concretude e da materialidade da realidade educacional de instituições educativas e sistemas de ensino.

Ao transpor esse raciocínio para o âmbito educacional, a conclusão é a de que as políticas públicas educacionais configuram então ações práticas, concretas, direcionadas aos contextos educativos oriundos da sociedade para a qual se aplicam e, sem dúvida alguma, ligadas aos projetos de poder em disputa na sociedade. Esses projetos, por definição, requerem um processo de planejamento (tal como foi discutido no primeiro capítulo), o qual (de modo bastante sintético) significa que as políticas públicas educacionais possuem um texto (escrito, que pode ser um documento oficial ou uma proposta em vias de se tornar oficial), um contexto (que se refere ao âmbito educacional do local em que essas políticas se efetivam) e uma agenda (que é a própria sequência de ações e também de princípios por meio da qual o grupo político em questão engendra seu projeto de poder). Um autor que trouxe grande contribuição ao entendimento das políticas públicas (e, de modo indireto, às políticas públicas educacionais) no sentido de captar seu dinamismo foi Stephen Ball (2001), quando indica que entre a elaboração das propostas de políticas públicas, passando pelas arenas de debates e embates de ideias e chegando à implantação de determinada política, há um ciclo que se renova permanente e continuamente. Essa definição, tributária do processo dialético (assim denominado por Karl Marx),[11] ilustra uma ideia que pretendo registrar enfaticamente ao longo deste livro: além de multidimensional, o planejamento educacional (e, é claro, as políticas públicas que a ele se associam) é também mutável de acordo com o contexto em que ele se institui.

A esta altura pode ser que caiba a pergunta: o que tornam específicas as políticas educacionais quanto a esse processo de planejamento? A resposta não está na forma (que pode muito bem ser associada ao ciclo de políticas conforme

---

[11] Karl Marx, em sua *Contribuição à crítica da economia política* (2008), indica que os processos que fazem avançar a sociedade correspondem ao sistema que chamará de materialismo dialético. Nesse sentido, o filósofo indica que todos os processos de mudança social resultam do embate contínuo entre tese (o estado de coisas atual) e antítese (ideias, movimentos e fatos que se contrapõem à tese), do qual resulta uma síntese (amálgama dos elementos que se reestruturam por meio do referido embate), que, por sua vez, transforma-se em nova tese.

aponta Ball), mas sim em seu conteúdo: o planejamento das políticas educacionais não pode, em nenhuma hipótese, desvincular-se de seu objeto, que é a educação, sob pena de se tornarem nulas quando são implementadas concretamente. Isto se dá pelo fato de que, ao levar em conta a relação entre conteúdo e forma, se o conteúdo não é de caráter educacional, por mais que a forma se aproxime de um simulacro de política educacional, estaríamos a implantar políticas de outro espectro. Um exemplo disso está em uma escola hipotética, a qual, muito embora contivesse elementos arquitetônicos (mobiliário, dimensão das salas, fachada e instalações) similares às de uma escola, em vez disso se prestasse à prática de operações bancárias e atendimento a funções administrativas de determinada prefeitura. De maneira análoga, subentende-se que a forma jurídica de uma política educacional não pode se distanciar do seu conteúdo (ao mesmo tempo político e teórico) de caráter educativo.

Diante dos fatores expostos, cabe então destacar os elementos que caracterizariam de forma genérica (mas ainda assim bastante precisa) o planejamento de políticas educacionais, ou, se preferirmos, a aplicação do planejamento educacional às políticas públicas educacionais.

A primeira das considerações necessárias a essa matéria diz respeito à retomada da distinção que foi estabelecida no capítulo inicial desta obra. Trata-se das definições de planejamento, projeto e plano. No que se refere a políticas públicas educacionais, essa forma tripartida do planejamento educacional assume um formato no qual o planejamento se associa à identificação entre os elementos políticos e educacionais (especialmente, os pedagógicos, diria) que virão a se consubstanciar em projetos (objetos de disputas políticas entre os grupos envolvidos em sua formulação) e a expressar em boa parte o pensamento (político, filosófico e teórico) dos grupos formuladores de políticas públicas educacionais, os quais, com seus avanços e seus retrocessos, com modificações, ajustes e desajustes, virão finalmente a se expressar na forma de planos, que, por sua vez, dado o seu caráter material e concreto, acabam por se identificar com os documentos/textos que configuram as políticas que serão implantadas. De modo análogo ao que Stephen Ball (op. cit.) identifica no que tange ao caráter cíclico e dialético relativo à formulação de políticas públicas, diria que é possível perceber a existência de um "ciclo do planejamento de políticas públicas educacionais", que se inicia com a concepção/formulação e se conclui com a construção do plano, passando pelo projeto/modelagem da política pública educacional.

Assim como se mostra claro que não é possível uma política pública educacional desprovida de seu conteúdo educacional, a forma política igualmente não poderá se ausentar ou se dissociar. E essa forma política diz respeito aos seguintes elementos: 1) uma política pública educacional não pode ser formulada excluindo seu caráter dialógico[12] e dialético;[13] 2) o planejamento de uma política pública educacional possui como finalidade a educação (dentro do escopo do objeto para o qual ela se destina), porém o alcance dessas finalidades deve se dar dentro de processos e procedimentos estabelecidos previamente na legislação (e, em nosso caso, a Constituição e a Lei de Diretrizes e Bases da Educação fornecem os principais referenciais).

As etapas do planejamento das políticas públicas educacionais

Lembremos que, da mesma forma que a política constitui o conteúdo da legislação, a legislação delimita a forma da política. Essa observação se faz necessária para que saibamos que o planejamento de políticas públicas precisará então levar em consideração nos seus três momentos principais (quais sejam: formulação/planejamento, modelagem/projeto, materialização/plano) as dimensões concernentes e predominantes em cada etapa (muito embora não estejam excluídas as demais em cada momento do "ciclo de planejamento das políticas públicas educacionais").

---

[12] Uma política pública implantada sem diálogo entre Estado e sociedade civil viola princípios jurídicos, tais como o princípio da gestão democrática presente no artigo 206 da Constituição Federal e, portanto, fere os limites trazidos pela legislação, cuja matriz primordial é a Constituição (SANTOS, 2015).

[13] Em um Estado Democrático de Direito, a provisoriedade é característica de qualquer governo e/ou formulação política. Por mais que existam modificações no plano da legislação e no plano da política, estas não podem tender à perenidade, pois isto implicaria o estabelecimento de regimes que negam o pluralismo e a diversidade de ideias, princípios estes concernentes ao equilíbrio horizontal (freios e contrapesos) entre os poderes e, ao mesmo tempo, tornaria por demais assimétrica a relação entre Estado e sociedade civil (ABRAMOVAY, 2012).

As políticas públicas e a etapa da formulação/planejamento

Assim, na formulação/planejamento da política educacional, os princípios e as noções básicas dão o norte da formulação política, e é nesta etapa que as concepções teóricas em nível educacional (mas também político e filosófico) possuem prevalência, sendo essencial a definição de bases claras quanto às concepções de educação e as nuances políticas a que elas se vinculam para que esse estágio seja bem executado. Isto se dá pelo fato de que é justamente a partir dessas bases teóricas, conceituais e políticas que as estruturas das políticas públicas virão a ganhar corpo no que virá a ser a política pública educacional a ser implementada.

Quando se trata de construir as diferentes modalidades de política pública (distributiva, redistributiva e regulatória), a etapa do ciclo do planejamento educacional relativa à formulação/planejamento apresenta diferenças em cada modalidade de política pública. Em relação às políticas públicas distributivas, cabe indicar que, por seu caráter tendente à universalidade, devem considerar: a) a maior abrangência possível quanto a seu alcance na sociedade; b) a quantidade necessária de recursos financeiros, materiais e técnicos envolvidos. Um exemplo a ser considerado quando trazemos esse *modus operandi* para o planejamento educacional é o de políticas ligadas à ampliação de redes de escolas públicas. Ao ser elaborado esse planejamento, devem ser levadas em conta as características geográficas, sociais e econômicas da população a ser atendida, bem como os recursos financeiros de que o Estado disporá para construir as referidas escolas.

Deve ser observado igualmente que, nessa etapa de formulação/planejamento integrante do ciclo das políticas públicas educacionais, o custeio destas se originará da receita de tributos, que, por sua vez, são recolhidos da população e das pessoas jurídicas, o que significa dizer que, do ponto de vista financeiro, apesar de não ser aparente, ainda assim há um custo para a sociedade que precisa ser mensurado e dimensionado em relação à eficácia e à eficiência dessa política, e isto deve estar presente sob a forma de seus princípios norteadores. Do ponto de vista administrativo, a formulação dessa política acarretará, quanto ao planejamento, a criação de mecanismos de controle e acompanhamento que permitam que ela seja realmente ampliada em direção ao maior número possível de sujeitos, no caso, o maior número possível de alunos, o que demandaria programas adicionais de transporte e alimentação escolar. Do ponto de vista pedagógico, por sua vez, cabe recordar que a aprendizagem dos alunos é a característica identitária principal dessa política e deve-se realizar o planejamento curricular referente aos programas de ensino, tendo em vista as características educacionais e sociais da população, além de serem levadas em conta as políticas nacionais e locais de educação voltadas para o(s) nível(is) de ensino abrangidos por essas escolas. Em se tratando de uma política pública educacional distributiva, o foco e a abrangência do planejamento desta devem estar orientados principalmente para o binômio igualdade/equidade, de maneira que garanta ao maior número possível de indivíduos o acesso a ela, bem como sua manutenção pelo maior período de tempo possível, em que pese o fato de que o direito à educação é o mote desse planejamento.

Quando alude a uma política pública redistributiva em matéria de educação, a formulação/planejamento necessariamente deve levar em conta, em termos gerais, os seguintes fatores: a) a duração dos prazos para sua implementação e para seu desenvolvimento, prevendo seu período de finalização; b) o elemento político do dissenso (antônimo de consenso), pois essa implementação necessariamente vai reordenar o campo político quanto ao acesso a bens, direitos e/ou serviços e o custo social será aparente, ou seja, claramente algum grupo obterá maior quantidade/facilidade de acesso aos direitos, bens e/ou serviços (o alvo da política pública redistributiva) e os demais necessariamente terão suas condições de acesso reduzidas. O que está em jogo nesse caso é a intervenção do Estado na promoção da equidade (que significa a tentativa de restaurar a justiça intervindo por meio da promoção de condições diferentes a quem é diferente) em um cenário no qual as mesmas condições resultariam na exclusão de uma parcela da população que necessitaria de condições especiais; c) sendo uma política pública redistributiva educacional, necessariamente o seu objetivo deve estar vinculado a algum indicador de ensino-aprendizagem. Dito de outra maneira: o seu impacto deve estar projetado sobre algum elemento do campo educacional (professores, alunos, gestores, escolas, redes de ensino). Um exemplo disso refere-se à adoção de cotas raciais na educação superior. A reserva de uma porcentagem das vagas para os alunos autodeclarados negros/pardos significa que, para essa parcela da população (sem entrar no mérito dos argumentos), os gestores desta política pública redistributiva educacional utilizaram como critério determinada característica (no caso étnica/racial) para que os recursos do Estado fossem direcionados para esse grupo com o objetivo de elevar os indicadores educacionais dessa parcela da população (especialmente quanto à escolaridade). Via de regra, em matéria educacional, as denominadas "ações afirmativas" se utilizam do princípio da equidade para elaborar suas políticas, priorizando em termos de investimentos financeiros algum segmento específico da sociedade no que tange ao acesso a bens, direitos e serviços que objetivam a melhoria de algum indicador de aprendizagem (como acesso ao ensino, manutenção nas instituições educacionais etc.).

O planejamento educacional, quando incide sobre uma política pública regulatória na etapa do planejamento das políticas públicas, tem como mote principal a garantia jurídica da efetivação de direitos, seja na perspectiva de uma política pública distributiva, seja na perspectiva de uma política pública redistributiva. Em se tratando de políticas públicas regulatórias educacionais, o caráter delimitador das regras do jogo político e de instituição de normas jurídicas é que garantem esses direitos no que tange à educação.

Aprofundando um pouco a noção de políticas públicas regulatórias, compreende-se que sua matéria (considerando matéria e forma no sentido aristotélico) é política e se refere a algum direito vinculado ao campo educacional, e sua forma é jurídica, vindo a se concretizar sob a forma de apontamentos presentes em algum documento oficial (lei, decreto, regulamento, norma etc.). Dito isto, deve ser salientado que na etapa relativa à formulação/planejamento de políticas públicas educacionais regulatórias, dois imperativos precisam ser observados com muita atenção: a) quanto é possível inserir ou modificar o ordenamento jurídico por meio da inserção do conteúdo político que se pretende regular; b) que, apesar de a forma de intervenção dessa modalidade de políticas públicas ser de natureza jurídica e de sua matéria ser de natureza política, ainda assim deve estar referida a elementos educacionais.

Um exemplo de aplicação desses imperativos refere-se aos processos de formulação de políticas públicas educacionais em nível nacional e com vistas a integrar o Plano Nacional de Educação (PNE), que fora desenvolvido no âmbito da Conferência Nacional de Educação (Conae), a qual, com grande antecedência, realizou a discussão junto à sociedade civil de elementos programáticos sob a forma de princípios que deveriam integrar esse plano (e que vieram a constituir parte da Lei n. 13.005/2014). Nesse caso, as discussões realizadas em um primeiro momento nas escolas e redes/sistemas de ensino e, posteriormente, com o Governo Federal em Brasília, visaram formular o planejamento que mais adiante daria origem às metas e às estratégias do referido plano. Por último, cabe indicar que nessa etapa do ciclo do planejamento de políticas públicas educacionais, a resultante desse trabalho não é outra a não ser a construção dos princípios norteadores das etapas que se seguirão no que diz respeito ao processo de elaboração de políticas públicas regulatórias educacionais.[14]

O planejamento educacional e a modelagem/projeto de políticas públicas educacionais

No tocante à/ao modelagem/projeto da política pública educacional, não somente o formato administrativo se torna imprescindível, como também as estratégias políticas (mas também jurídicas) com as quais ela se desenvolverá, pois é na construção dos projetos que são colocados os prazos e as ações que visam à materialização dos objetivos elencados na etapa anterior. Em se tratando de políticas públicas, há sempre de se recordar que a construção do projeto é o momento mais fecundo no que diz respeito a debates e embates em torno do que seguirá como matéria-prima da elaboração do(s) plano(s) implicado(s) na referida política pública educacional.

Ao ser modelado um projeto relativo à política pública educacional distributiva, é necessário levar em conta especialmente sua duração (assim como na etapa anterior), pois conforme já foi explanado anteriormente, o projeto representa a projeção no tempo e no espaço dos princípios norteadores definidos na formulação/planejamento. Assim, em uma política pública distributiva educacional, os princípios relativos à abrangência universal e à localização geográfica da população atendida ganham os contornos de uma ação efetiva na medida em que são construídos os elementos de controle de prazos e de eficiência e eficácia. Mais

---

[14] Ainda que neste processo de construção das políticas públicas regulatórias educacionais existam ocasiões nas quais ele se assemelha ao processo legislativo, cabe indicar que a este não se torna reduzido, em razão da série de fatores que são apresentados neste livro e que se tornam parte do referido processo.

uma vez deve ser lembrado que a matéria é política e deve ter uma natureza que assuma contornos relativos ao direito educacional, e sua forma, em vez de princípios que, nessa etapa, vem sob a forma de metas. Um exemplo claro de aplicação desses imperativos é a formulação de projetos que visem a erradicar o analfabetismo de determinada população contendo a delimitação dos mecanismos de implantação do projeto (como a utilização de cartilhas com base no universo vocabular dos alunos), prazos para a efetivação dos objetivos (dois anos, por exemplo) e mecanismos avaliativos do alcance dos objetivos (como provas, por exemplo).

No que se refere à etapa da modelagem/projeto do ciclo das políticas públicas educacionais, as políticas públicas redistributivas ligadas à matéria educacional requerem igualmente uma projeção no espaço/tempo dos princípios delineados na etapa da formulação/planejamento. Conforme já foi amplamente explicitado, essa projeção se vincula a prazos, abrangência espacial/geográfica e delimitação de mecanismos de controle e acompanhamento da eficiência e eficácia da referida política pública. Um exemplo de modelagem/projeto de política pública educacional redistributiva seria o de uma política de fomento à pesquisa realizada por pesquisadores negros e/ou vinculados a temáticas incidentes sobre a questão étnica/racial.[15] Esses projetos possuem prazos específicos, um público delimitado, mecanismos de acompanhamento e controle da eficácia e uma concentração temática de ações que visam produzir resultados alusivos a um segmento da sociedade específico (neste exemplo, sujeitos autodeclarados negros) a fim de modificar a estrutura de acesso a bens, direitos e recursos financeiros. Nesse sentido, é correto afirmar que o princípio da equidade é então combinado à estrutura espaçotemporal do projeto, bem como a seus mecanismos de cumprimento dos objetivos para modelar uma ação afirmativa que muda a estrutura do campo político em que é aplicada.

As políticas públicas regulatórias educacionais exigem uma modelagem de projeto baseada em um cotejamento entre os princípios delimitados na etapa da formulação, os prazos de execução do projeto e o acompanhamento da efetividade da ação. A questão que as torna diferenciadas diz respeito ao fato de que, nessa etapa do ciclo do planejamento das políticas públicas educacionais, a regulação

---

[15] Esse exemplo pode facilmente ser encontrado entre os editais da Unesco disponibilizados na internet.

(que é inerente a esta modalidade de política pública) surge com o formato de norma jurídica (porém com o conteúdo político essencialmente educacional). Assim, um exemplo de projeto modelado em função de política pública educacional regulatória refere-se à elaboração de projeto de lei para regulamentar a oferta de educação de jovens e adultos em dado município, fixando sua duração, objetivos e indicadores de acompanhamento de sua eficácia e eficiência no âmbito da rede de ensino desse ente federado.

O planejamento das políticas públicas educacionais e a etapa da execução/construção do plano

Por último, mas nem por isso menos importante, na etapa de construção do plano, a dimensão jurídica, que possui a referência principal da legislação, torna-se a referência mais forte na construção do formato final da política pública educacional. Há de se notar que, nesta etapa, caso a já mencionada essência educacional, filosófica e política não tenha sido propriamente constituída, teremos assim o plano transformado em um conjunto de ações que atenderão somente ao formalismo jurídico e que, portanto, a política pública educacional será esvaziada de conteúdo, como se fosse mera erudição jurídica. Isso implica dizer que é nesta etapa que existe a conjunção da matéria (política e de natureza educacional) com a forma (jurídica), conjunção esta que se consubstancia na execução e concretização do plano que se originou do planejamento e do projeto, seguindo a sequência do ciclo apresentado nesta seção do livro.

Ao tratar de uma política pública distributiva, a execução do plano (bem como a sua materialização em um documento oficial) leva em conta a aplicação dos mecanismos de acompanhamento e controle (construídos na etapa de modelagem/projeto), bem como os princípios relativos à universalidade/abrangência definidos na primeira etapa (formulação/planejamento). Assim, os mecanismos de efetivação e controle de efetividade dessas políticas precisam levar em consideração tanto os seus fundamentos conceituais (e que precisam se vincular ao Direito Educacional), quanto a sua construção do ponto de vista concreto e que se apresenta tanto sob a forma da construção documental oficial relativa aos resultados do projeto, quanto sob a forma da efetiva realização do referido projeto em relação à modificação da realidade educacional.

Em se tratando de políticas públicas distributivas educacionais, temos então a concretização de projetos ligados à universalização de direitos, bens e serviços ligados à educação. Essa concretização, ao ser avaliada, dá ensejo (conforme visto no primeiro capítulo em que o conceito de plano foi apresentado) a reformulações quanto a novas ações a serem desenvolvidas, levando em conta a abrangência e a tendente universalidade dessa modalidade de políticas públicas educacionais. Um exemplo disso pode ser visto na meta 1 do Plano Nacional de Educação (PNE) (BRASIL, 2014), que prevê até o fim de 2016 a universalização da pré-escola e que, para tanto, possui um mecanismo avaliativo vinculado aos Indicadores Demográficos e Educacionais (IDE), permitindo ao gestor público acompanhar em tempo real o andamento dessa meta relativa às matrículas na educação infantil e nas creches.[16] Cabe relembrar que esta é uma política pública distributiva pela sua abrangência tendente à universalidade e também pelo fato de que seu custo social não é aparente.

No que se refere à política pública redistributiva educacional, a construção do plano e sua consequente execução (como previsto no ciclo das políticas públicas educacionais) levarão em conta tanto os princípios delineados na etapa da formulação/planejamento (quais sejam: a equidade e a matéria relativa aos indicadores educacionais da população a ser focalizada), quanto os mecanismos de acompanhamento e controle sobre prazos e a efetividade da política. Em se tratando de políticas públicas redistributivas educacionais, a modificação da estrutura de acesso a bens, serviços, direitos e recursos deve ser acompanhada em função das modificações em termos de indicadores educacionais, experimentada pela população da qual é alvo. Assim, tomando como exemplo uma política pública redistributiva educacional que vise impactar o acesso à educação superior com um viés étnico/racial (tal como a política de cotas raciais empregada em diversas IES brasileiras), ela vai acompanhar a execução desse plano não somente por meio da produção de relatórios e documentos oficiais referentes, mas também quanto aos impactos dessa política pública redistributiva educacional, não somente no que diz respeito à ampliação da escolaridade, mas do impacto dessa ampliação em relação às condições de vida (acesso a emprego, moradia,

---

[16] Existe um site que permite esse acompanhamento on-line. Disponível em: <www.observatoriodopne.org.br>. Acesso em: 21 jun. 2016.

alimentação e nível de renda) dessa população. Neste livro, entendemos o planejamento educacional como multidimensional, o que significa que a análise de seus resultados (mesmo quando coligados com as políticas públicas educacionais) também deve ser realizada tendo em vista a multidimensionalidade da realidade concreta (tal como exposto no primeiro capítulo). Assim, a redistribuição de bens, recursos e direitos em função de uma política pública redistributiva educacional deve resultar na execução de um plano capaz de trazer impactos mensuráveis que permitam sua consequente modificação (e que levaria ao reinício do ciclo do planejamento educacional de políticas públicas) em novas ações adotadas como solução de continuidade para a ampliação da equidade em função do foco pretendido.

Em relação ao planejamento educacional aplicado às políticas públicas regulatórias educacionais, cabe indicar que na etapa da execução/construção do plano, ainda que o aspecto documental tenha prevalência (o formato privilegiado desta é a norma jurídica), as dimensões estratégica e concreta igualmente se apresentam, não somente registradas em papel, mas também por meio dos mecanismos de acompanhamento e controle de efetividade desenvolvidos na etapa da modelagem/projeto das referidas políticas públicas regulatórias educacionais.

Um exemplo de aplicação desse tipo de princípio está no texto final do PNE, em especial no que se refere à meta 20, que trata da destinação de um percentual do Produto Interno Bruto (PIB) para a educação (BRASIL, op. cit.). Depois dos debates realizados na Conferência Nacional de Educação (Conae), com delimitação dos princípios definida na etapa da formulação/planejamento (e, consequentemente, com a definição do princípio da vinculação orçamentária de recursos para a educação), após a modelagem do projeto (que consistia em existir uma meta de aplicação de um percentual do PIB em educação), essas duas etapas resultaram na meta incorporada à lei (e que, portanto, integra o PNE, que é antes de tudo um plano) sob a forma de um percentual mínimo de 10% do PIB a ser aplicado em educação até 2020. Após esse processo, o acompanhamento do plano se dá em tempo real não somente pelo já mencionado mecanismo on-line de controle do alcance da meta, mas também pela mobilização (política, jurídica e educacional) dos efeitos desse plano. Há críticas (e, como todo processo de planejamento, é natural que elas existam) quanto à destinação dos recursos, pois a política pública regulatória educacional expressa nessa meta não distingue os investimentos em educação pública ou privada – e cabe aí um debate e uma avaliação política desse processo –, porém não há de se discutir que a meta 20 se incorpora ao ordenamento jurídico brasileiro e atua com poder regulamentador tal como lhe cabe no escopo da proposta que lhe dá fundamento.

Concluindo: políticas públicas de planejamento e planejamento de políticas públicas

É claro que encontramos formulações de políticas públicas educacionais muito diferentes, seja na matéria, seja na forma. A própria LDB e o atual PNE possuem incongruências e contradições[17] que demonstram o fato de que somente a textualidade dos planos relativos às políticas públicas educacionais não dá conta da tarefa de fazer que estas possam ser implementadas (e analisadas). Igualmente uma análise com viés unicamente político não permitirá captar os aspectos educacionais e jurídicos que compõem o processo de construção, desenvolvimento e implantação destas políticas.

Para concluir este capítulo, gostaria de chamar a atenção para dois pontos cruciais: a) há uma relação entre políticas públicas e planejamento educacional e, por isso, é possível integrar tanto os aspectos jurídico-políticos quanto os aspectos educacionais no momento da formulação dessas políticas (tal como foi demonstrado ao longo do capítulo); b) o processo de formulação das políticas públicas educacionais é ao mesmo tempo multidimensional (envolve elementos administrativos, políticos e educacionais/pedagógicos) e dinâmico, na medida em que se refere a um "ciclo de planejamento de políticas públicas educacionais".

---

[17] Dentre tantos exemplos, devem ser salientados dois: um relativo à LDB e outro concernente ao PNE. Em relação à LDB, gostaria de destacar o §2º do artigo 33: "§ 2º Os sistemas de ensino ouvirão entidade civil, constituída pelas diferentes denominações religiosas, para a definição dos conteúdos do ensino religioso". Isto do ponto de vista jurídico entra em conflito com o artigo 5º, XXII da Constituição Federal de 1988, que garante que ninguém será obrigado a se associar ou a deixar de associar a qualquer organização. No que diz respeito ao atual PNE (2014-2023), deve ser ressaltado que a meta 20 assegura 10% do Produto Interno Bruto a ser destinado à educação, porém, ao não estabelecer uma distinção em relação à educação pública, abre-se espaço para uma indefinição referente ao valor com que o Estado brasileiro financiará a iniciativa privada.

É com base nessa abordagem que se encerra o presente capítulo, que explorou a interface entre as políticas públicas e o planejamento educacional. Sigamos no próximo capítulo com a explicitação das relações entre financiamento e planejamento educacional.

CAPÍTULO 6 – Planejamento educacional e financiamento da educação nas escolas pública e privada

> Verbas de menos ou verbas demais têm sido tema longamente discutido no Brasil, já desde Tavares Bastos[...], que em 1870 advertia: "Não há sistema de instrução eficaz sem dispêndio de muito dinheiro". Rios de tinta têm corrido, pelo menos desde o Império, acerca do financiamento da educação no país, abordando numerosas controvérsias (GOMES et al., 2007, p. 30).

Conforme foi discutido anteriormente, várias são as dimensões (e também necessidades) da materialização do processo de planejamento educacional no que diz respeito à realidade concreta. Isto significa que as condições materiais se destacam entre as dimensões como sumamente importantes, especialmente quanto à composição de planos (particularmente planos estruturais e planos de desenvolvimento institucional) e à execução deles. Em se tratando de países capitalistas como o Brasil, essas condições materiais estão necessariamente vinculadas ao capital financeiro e a volumes de recursos monetários, que devem possuir algumas características estruturais (e, diria, matriciais) para que circulem e se transformem nas referidas condições materiais/objetivas de funcionamento de instituições educacionais. Neste capítulo serão analisadas as relações entre o planejamento educacional e o financiamento de escolas públicas e privadas, tendo como foco o desenvolvimento de projetos e planos educacionais a partir dessa dimensão da concretude vinculada a essas escolas.

Um início de conversa: definindo o financiamento educacional, escolas públicas e privadas

A fim de iniciar esta discussão, cabe, a princípio, indicar como são definidas as instituições educacionais (nas quais estão incluídas as escolas, como exemplos modelares). Essa definição encontra suporte nos artigos 19 e 20 da LDB. No que diz respeito às escolas públicas, o artigo 19, inciso I, indica que são definidas como: *as criadas ou incorporadas, mantidas e administradas pelo Poder Público.* Igualmente, as escolas privadas são entendidas como: *as mantidas e administradas por pessoas físicas ou jurídicas de direito privado* (LDB, artigo 19, inciso II). Para detalhar mais profundamente essas instituições, a LDB, em seu artigo 20, indica ainda que elas são classificadas em:

> I – particulares em sentido estrito, assim entendidas as que são instituídas e mantidas por uma ou mais pessoas físicas ou jurídicas de direito privado que não apresentem as características dos incisos abaixo; II – comunitárias, assim entendidas as que são instituídas por grupos de pessoas físicas ou por uma ou mais pessoas jurídicas, inclusive cooperativas educacionais, sem fins lucrativos, que incluam na sua entidade mantenedora representantes da comunidade (Redação dada pela Lei nº 12.020, de 2009); III – confessionais, assim entendidas as que são instituídas por grupos de pessoas físicas ou por uma ou mais pessoas jurídicas que atendem à orientação confessional e ideologia específicas e ao disposto no inciso anterior; IV – filantrópicas, na forma da lei (BRASIL, 1996).

Conforme se nota na citação, as formas matriciais das escolas privadas admitem diferentes modalidades, as quais incluem modelos organizacionais diversos, por conseguinte. Cada modelo, por sua vez, conforme será visto mais adiante, admite diversas formas de financiamento. Já as escolas públicas se dividem nas circunscrições administrativas dos entes federados que as mantêm, a saber: escolas municipais, estaduais e federais.[1]

Essas definições baseadas na legislação educacional brasileira têm como base o fato de que as escolas se inserem no ordenamento jurídico (e político) por intermédio da LDB, da legislação dos sistemas de ensino. Assim sendo, essas definições iniciais pautadas no Direito Educacional têm como finalidade permitir o conhecimento dos condicionantes que necessariamente se incorporarão aos processos de financiamento educacional. A propósito, nesta obra, financiamento educacional corresponde à provisão dos recursos financeiros destinados ao desenvolvimento dos processos de planejamento, organização e gerenciamento de instituições educacionais, sistemas e redes de ensino, por meio do fluxo financeiro, concernentes de modo adstrito às especificidades relativas às atividades-fim (educacionais) e atividades-meio (administrativas) dessas instituições, redes e sistemas.

No plano da legislação, o artigo 77 da LDB define como se dá o financiamento da educação quanto aos recursos públicos:

> Art. 77. Os recursos públicos serão destinados às escolas públicas, podendo ser dirigidos a escolas comunitárias, confessionais ou filantrópicas que: I – comprovem finalidade não lucrativa e não distribuam resultados, dividendos, bonificações, participações ou parcela de seu patrimônio sob nenhuma forma ou pretexto; II – apliquem seus excedentes financeiros em educação; III – assegurem a destinação de seu patrimônio a outra escola comunitária, filantrópica ou confessional, ou ao Poder Público, no caso de encerramento de suas atividades; IV – prestem contas ao Poder Público dos recursos recebidos. § 1º Os recursos de que trata este artigo poderão ser destinados a bolsas de estudo para a educação básica, na forma da lei, para os que demonstrarem insuficiência de recursos, quando houver falta de vagas e cursos regulares da rede pública de domicílio do educando, ficando o Poder Público obrigado a investir prioritariamente na expansão da sua rede local. § 2º As atividades universitárias de pesquisa e extensão poderão receber apoio financeiro do Poder Público, inclusive mediante bolsas de estudo (Ibidem).

---

[1] Mais detalhes a respeito da organização da educação no Brasil podem ser obtidos no *Guia prático da política educacional no Brasil* (SANTOS, 2014).

Desse modo, percebe-se que a LDB é clara ao indicar que há uma destinação de recursos públicos para as escolas públicas, além de apresentar o modo como esses recursos podem vir a compor a matriz orçamentária das escolas privadas, inclusive para complementar (em caráter emergencial) a oferta de vagas nas escolas. Esses são elementos que precisam ser levados em consideração quando se trata da dimensão financeira do planejamento educacional das escolas, pois a legislação (assim como a política) constitui um pilar ordenador da educação como um todo, e, assim, o conhecimento desses fundamentos jurídicos é de suma importância para o estabelecimento das definições por meio das quais serão debatidos os elementos que unem o planejamento educacional ao financiamento de escolas públicas e privadas.

O planejamento educacional e o financiamento das escolas privadas

As escolas privadas, devido à sua natureza como entidades de direito privado, sustentam-se mediante a utilização de matrizes orçamentárias. Nessas matrizes, o planejamento educacional no que compete aos aspectos financeiros precisa observar alguns princípios e procedimentos que assumem a forma de imperativos ou condições *sine qua non* para a realização do planejamento educacional. Vamos a seguir detalhar esses imperativos referentes ao planejamento educacional e ao financiamento das escolas privadas.

A programação financeira das escolas e sua relação com os projetos educacionais

O primeiro imperativo diz respeito à necessidade de manter o equilíbrio financeiro entre receita e despesa no âmbito das escolas, o que é feito mediante o acompanhamento do orçamento anual e dos gastos periódicos (mensais, semanais e até diários). É evidente que o financiamento não se restringe a uma questão meramente contábil, porém não há como ignorar que, sem um efetivo controle dos fluxos financeiros, não há a menor condição de a escola se sustentar ao longo do tempo, seja em relação a uma dimensão administrativa ou pedagógica.

Nesse sentido, cabe associar a programação orçamentária escolar ao que já fora explicitado no primeiro capítulo em relação à construção dos projetos. Não podemos esquecer que todo orçamento diz respeito a uma programação financeira, e essas programações nada mais são do que projetos nos quais se planejam as despesas em função dos valores disponíveis na instituição. Ainda que os projetos não se resumam somente a essa dimensão financeira, em se tratando de escolas privadas, a dimensão financeira assume uma feição que tende à preponderância, pois não está sob a guarda do princípio da supremacia do interesse público (o qual será devidamente explicitado em uma seção posterior).

Ao tomar como base as distinções entre os tipos de escolas privadas elencados no artigo 20 da LDB, torna-se igualmente necessário indicar que os referidos projetos precisam atentar para algumas características fundantes relativas às destinações legais dos recursos públicos. Assim, no projeto orçamentário de instituições privadas em sentido estrito, esse equilíbrio financeiro, em boa parte dos casos (salvo quando oferecer bolsas de estudo cuja contrapartida financeira esteja sob a égide do Estado), deverá contar prioritariamente (quando não exclusivamente) com recursos financeiros oriundos de mensalidades e outras taxas e emolumentos (taxas de matrícula, expedição de documentos etc.), sempre havendo a necessidade de programar essas despesas de modo que ao final de um ano possa haver lucro, ou seja, a relação entre receita e despesa deve resultar em uma soma na qual as receitas superem as despesas. No caso de instituições privadas que atendam às condições para auferirem recursos públicos, elas deverão manter um equilíbrio financeiro por meio de matrizes orçamentárias cuja soma seja igual a zero (na relação entre receita e despesa), de modo que o "excedente" (não há que se falar em lucro em instituições que demonstram não serem lucrativas) precisa necessariamente ser reinvestido na instituição (em geral sob a forma de ampliação da estrutura física ou do quadro funcional).

Por último, mas nem por isso menos importante, deve ser salientado que uma forma de organizar a programação das despesas no orçamento anual necessariamente deve prever despesas referentes às atividades-fim (e que precisam se relacionar com a proposta pedagógica da escola), despesas administrativas (cuja origem está tanto no organograma quanto no *staff* da escola) e despesas de infraestrutura (cuja origem vem tanto do cálculo das despesas de manutenção quanto do inventário escolar que deve registrar os bens da escola). Conforme a proposta deste livro, as dimensões do planejamento educacional se complementam e interpenetram, e, no tocante aos aspectos financeiros das escolas privadas, isto não poderia ser diferente.

A documentação do fluxo financeiro nas escolas privadas: balancetes e balanços como elementos de um plano

Tal como visto na seção anterior, a programação orçamentária associa-se à noção de projeto. O aspecto documental desses projetos encontra-se registrado nas programações orçamentárias e, como todo projeto, contém periodicidade variável segundo as despesas surgidas no ano escolar. Por outro lado, o cerne de todo plano do ponto de vista financeiro incide sobre o fluxo de recursos divididos em receita e despesa, os quais em matéria de registro contábil possuem um formato determinado, qual seja a disposição desses elementos em balancetes (mensais) e balanços (anuais). Qual a diferença principal entre as ações descritas na seção anterior e o registro documental ora proposto?

Se na programação orçamentária há um projeto que se espera cumprir (e cuja base é a proposta pedagógica em relação aos documentos elencados anteriormente), no registro contábil do fluxo financeiro[2] ocorre a execução efetiva (ou, em alguns casos, nem tanto) de investimentos e ganhos previstos na programação orçamentária. Dito em outras palavras, enquanto o orçamento e sua programação possuem estrutura assemelhada à de um projeto, o registro contábil nada mais é do que a face documental de um plano, pois registra a materialidade das receitas auferidas e das despesas executadas no mês (balancete) e no ano (balanço).

A execução do orçamento nada mais é do que a própria execução de um plano, trazido para a dimensão financeira e aplicado à realidade escolar. É a partir desse registro, e da avaliação dessa execução, que são definidos os rumos que serão seguidos mais adiante pela escola, não somente no aspecto financeiro, mas apoiando-se neste para poder levar adiante as novas programações referentes

---

[2] Cabe lembrar que esse registro nos balanços é anual e deve apontar igualmente o capital/patrimônio da escola (ativo) e as dívidas (passivo), além das receitas e das despesas.

a atividades-fim e atividades-meio da escola. Cabe indicar que essa nova programação, por seu turno, consiste na consecução de um ciclo de planejamento (conforme visto no primeiro capítulo).

Em relação ao planejamento *lato sensu,* vimos que se identifica com a face associada à formulação das bases dos projetos e dos planos, e é no momento da análise de balanços e balancetes que são realizadas as avaliações do cumprimento das finalidades dos projetos e são definidas as novas necessidades em nível financeiro. Em se tratando de escolas, estas se encontram condicionadas necessariamente ao ano escolar e os ciclos de planejamento financeiro devem obedecer a essa matriz temporal.

O planejamento educacional e o financiamento das escolas públicas

Em primeiro lugar, cabem algumas considerações. A primeira refere-se à noção de administração pública, a qual corresponde à estrutura integrante do Estado, constituída com a finalidade de administrar os bens públicos e de promover os objetivos vinculados aos direitos dos cidadãos, a qual, por sua vez, abrange órgãos públicos e servidores da administração direta e indireta.[3] Três são os princípios que precisam ser considerados antes de adentrarmos o estudo da matéria concernente ao planejamento educacional nas escolas públicas brasileiras. Dois desses princípios se apresentam explícitos na legislação e servem como matriz ordenadora de todo o serviço público: a supremacia do interesse público e o planejamento como princípio ordenador da administração pública (que inclui as escolas, certamente). Além desses, subjaz o princípio da "unidade na diversidade",[4] que se coloca como pano de fundo do ordenamento da política educacional brasileira.

---

[3] Por administração direta entendem-se todos os órgãos vinculados diretamente ao Estado em todas as instâncias dos entes federados (por exemplo, prefeituras) e suas subdivisões (por exemplo, secretarias municipais de Educação e escolas municipais). A administração indireta corresponde às autarquias, fundações e empresas públicas (por exemplo, bancos públicos) com suas respectivas subdivisões e que prestam serviços ao Estado.

[4] O eminente filósofo Immanuel Kant, em sua *Fundamentação da metafísica dos costumes* (2001), apresenta o conceito de unidade na diversidade, o qual, ao ser interpretado à luz das relações entre conteúdo e forma, alude a modelos (especialmente de pensamento e conhecimento) nos quais o conteúdo é uno (unidade), porém apresenta em sua instância concreta diferentes formas (diversidade).

O princípio da supremacia do interesse público, a indisponibilidade do interesse público e a administração financeira das escolas públicas

Em relação ao primeiro dos princípios, a supremacia do interesse público, cabe ressaltar que se encontra presente no artigo 37 da CF/88.[5] É necessário recordar que as escolas públicas fazem parte da administração pública (mesmo aquelas mantidas por fundações e autarquias vinculadas ao Estado) e, portanto, são regidas pelas normas a ela concernentes, ainda que possuam regulamentos específicos (previstos, como veremos adiante, em proposta pedagógica, regimento escolar e outros documentos das escolas e redes de ensino). Nesse sentido, cabe indicar que existe um princípio fundamental para toda a administração pública, que é o princípio da indisponibilidade do interesse público, ou seja, os órgãos públicos e os servidores integrantes da administração pública, em caso de conflito de interesses (principalmente na esfera pessoal), devem necessariamente decidir pelo que for mais vantajoso para a coletividade (no caso das escolas, isso implica decidir de acordo com a gestão democrática e, portanto, de modo colegiado). Nas palavras de Claudia Mara Rabelo Viegas, isto significa que:

> [...] segundo o princípio da indisponibilidade do interesse público, não se acham os bens, direitos, interesses e serviços públicos à livre disposição dos órgãos públicos, a quem apenas cabe curá-los, ou do agente público, mero gestor da coisa pública. Aqueles e este não são senhores ou seus donos, cabendo-lhes por isso tão só o dever de guardá-los e aprimorá-los para a finalidade a que estão vinculados. O detentor dessa disponibilidade é o Estado. Por essa razão, há necessidade de lei para alienar bens, para outorgar concessão de serviço público, para transigir, para renunciar, para confessar, para revelar a prescrição e para tantas outras atividades a cargos dos órgãos e agentes da Administração Pública (VIEGAS, 2011, p. 2).

---

[5] O artigo 37 da CF/88 dispõe sobre a administração pública em geral, seja a administração direta, seja a indireta, além de tratar das questões relativas aos princípios da administração pública (legalidade, impessoalidade, moralidade, publicidade e eficiência). Outra fonte de consulta importante está na lei n. 9.784/99, que trata dos processos administrativos na administração pública federal e cujos desdobramentos muitas vezes repercutem em órgãos de outros entes federados. A esse respeito, para saber mais, sugiro a leitura do livro *Curso de direito administrativo*, de autoria de Celso Bandeira de Mello, de 2015.

Ou seja, do ponto de vista jurídico (e, sem dúvida, administrativo), não cabe ao gestor (e, sem dúvida, ao planejador) da escola pública agir como se esta fosse um bem privado, mas sim um bem que é administrado em função da coletividade. Isto representa uma diferença crucial em relação às escolas privadas, pois as decisões não podem estar de forma alguma orientadas em função do lucro ou em função de conveniências pessoais do seu gestor, o que com certeza significa um tipo de planejamento educacional muito distinto do desenvolvido nessas escolas. Como isto impacta o financiamento das escolas públicas? A primeira das consequências diz respeito ao fato de que o gestor (tanto o secretário de Educação como o diretor escolar) não pode dispor das finanças que chegam a essa escola de acordo com suas conveniências pessoais. Isto significa que a aplicação dessas finanças depende prioritariamente (e quase exclusivamente) do fluxo de recursos que advêm de seu sistema de ensino. Existem recursos que são repassados à escola para que sejam livremente ordenados os gastos a partir deles, tais como os recursos do Programa Dinheiro Direto na Escola (PDDE).

Como decorrência do princípio da indisponibilidade do interesse público e da supremacia do interesse público, temos ainda a necessidade de que os investimentos financeiros não sejam feitos nem em desacordo com as normas instituídas pelo sistema de ensino (na margem de manobra orçamentária que cabe às unidades escolares em cada caso) nem tampouco em contrário às determinações da comunidade escolar.

Claramente se percebe que a margem decisória quanto à esfera financeira é bastante limitada, em que pese o fato de que, respeitadas as normas gerais da administração pública, as referidas escolas têm suas despesas de manutenção vinculadas diretamente aos orçamentos públicos, sejam os que se originam dos seus sistemas de ensino, sejam os que são transferidos pelos fundos contábeis que complementam e suplementam as despesas de manutenção e desenvolvimento da educação básica, como o Fundo de Manutenção e Desenvolvimento da Educação Básica e de Valorização dos Profissionais da Educação (Fundeb)[6] e o Fundo

---

[6] O Fundeb se origina da Emenda Constitucional nº 53/2006, é instituído pela Lei nº 11.494/07 e regulamenta tanto o piso nacional do magistério quanto o mecanismo de repasse dos recursos oriundos de tributos (especialmente de transferências constitucionais) para esse fundo, bem como o mecanismo de repasse desse fundo para as redes/sistemas de ensino por meio de um valor/aluno/ano. Mais detalhes a respeito podem ser obtidos no *Guia prático da política educacional no Brasil* (SANTOS, 2014).

Nacional de Desenvolvimento da Educação (FNDE).[7] Quanto a esses dois fundos, cujos recursos fornecem aporte a escolas e redes de ensino (no caso do Fundeb, 60% dos recursos suplementam a remuneração dos profissionais da educação e 40% são destinados a despesas de manutenção e desenvolvimento da educação), eles existem para a cumprir a função supletiva e redistributiva atribuída pela União à LDB. Assim, além dos recursos do próprio ente federado, as escolas possuem o aporte de recursos do governo federal e os recursos de livre ordenação advindos do PDDE. Em contrapartida, devido às normas gerais da educação e às normas de cada sistema de ensino, esses gastos e o modo como serão geridos os recursos obedecem a uma necessidade específica de planejamento. É o que será visto a seguir.

O planejamento como princípio da administração pública e o planejamento educacional aplicado ao financiamento de escolas públicas

Apesar de não estar nos objetivos deste livro realizar uma análise do Direito Administrativo e do Direito Constitucional, cabe destacar que o planejamento e a gestão democrática são princípios constitucionais que regem todas as escolas públicas, especialmente quando é levado em consideração o fato de que elas se vinculam a um dos entes federados do Estado. Assim, as instituições educativas públicas estão submetidas aos dois princípios de modo inescapável.

No tocante ao princípio do planejamento, isto surge na dimensão financeira das escolas públicas sob a forma da necessidade de registro dos investimentos e das despesas de livre ordenação,[8] bem como na necessidade da prestação de contas anual (e que, devido ao fato de muitos diretores não dominarem rudimentos

---

[7] O FNDE, ao mesmo tempo que é um fundo, vem a ser uma autarquia criada pelo governo federal para gerenciar as ramificações dos investimentos em educação, seja sob a transferência direta de recursos financeiros e investimentos em infraestrutura, seja sob a forma da manutenção de programas de cooperação e assistência técnica às redes de ensino dos entes federados.

[8] Igualmente deve ser destacado que os entes federados alocam os recursos para a Educação por meio de três mecanismos orçamentários: Plano Plurianual (PPA), (que conterá as diretrizes orçamentárias para o período compreendido entre o segundo ano de um mandato governamental até o primeiro ano do mandato subsequente), a Lei de Diretrizes Orçamentárias (LDO), (que codifica a alocação de recursos orçamentários para um período de quatro anos, estabelecendo metas e prazos de desembolso) e a Lei Orçamentária Anual (LOA), (que parte das rubricas de despesas alocadas pela LDO e as aplica no ano seguinte).

de matemática financeira e contabilidade, isto se torna por vezes extremamente difícil) nos moldes determinados pelos sistemas de ensino a que se vinculam as referidas escolas. Assim, da mesma forma que há a discricionariedade em relação aos investimentos e às despesas de livre ordenação por parte do diretor, há a obrigatoriedade da prestação de contas.

Em relação ao princípio da gestão democrática, eis uma dimensão pouco explorada dos mecanismos de participação da comunidade escolar, qual seja, o orçamento participativo. Na realidade, apesar de pouco comum, as decisões coletivas sobre os rumos dos recursos financeiros que chegam até as escolas (lembrando que se trata daqueles que estão sob a égide do poder discricionário do diretor) representam a junção do princípio do planejamento com o princípio da gestão democrática, na medida em que envolvem a comunidade escolar nas decisões colegiadas de uma instituição que existe para atender a suas demandas educacionais. Portanto, o planejamento educacional necessariamente deve levar em consideração estes três imperativos: discricionariedade na inversão de investimentos oriundos de despesas de livre ordenação (como os recursos do PDDE), obrigatoriedade na prestação de contas e envolvimento da comunidade na construção do orçamento (orçamento participativo).

Concluindo: planejamento educacional das finanças escolares ou financiando o planejamento educacional das escolas?

Ainda que a dimensão financeira deva estar presente no planejamento educacional, isto não significa, no entanto, que ela seja equivalente aos imperativos do planejamento financeiro, nem mesmo quando se trata de escolas privadas. Aliás, ainda que existam diferenças grandes quanto ao regime jurídico dessas escolas e essas diferenças venham a impactar o *modus operandi* da administração financeira em cada uma dessas modalidades escolares, cabe ainda assim indicar que a dimensão financeira não pode ser menosprezada no âmbito do planejamento, sob pena de tornar inviáveis os projetos pedagógicos e mesmo a sustentabilidade das escolas. É devido a essa inobservância que todos os dias vemos no Brasil escolas públicas funcionando de forma absolutamente precária em termos de infraestrutura, ao mesmo tempo que muitas escolas privadas simplesmente vão à falência.

Com base no que fora exposto cabe, no entanto, chamar a atenção para o fato de que considerar a dimensão financeira do planejamento educacional não significa orientar prioritariamente os processos pedagógicos para imperativos de caráter financeiro (como a relação custo-benefício), mas sim colocar os imperativos financeiros (seja em escolas públicas, seja em escolas privadas) a serviço da atividade-fim do planejamento educacional, que é o ensino-aprendizagem, ou seja, o equilíbrio financeiro e o atendimento às normas da administração pública no que compete aos recursos sob a guarda das escolas devem estar submetidos ao objetivo maior da escola, que é o de promover a aprendizagem e fornecer as melhores condições para o ensino. Eis a diferença entre financeirização (prática que consiste em subordinar objetivos educacionais e administrativos em imperativos econômico-financeiros) e financiamento (que nada mais é do que o aporte de recursos financeiros com vista ao alcance das finalidades e dos objetivos educacionais das escolas). Ao ter de escolher entre uma das duas práticas, sem dúvida alguma, do ponto de vista do planejamento educacional, a segunda é a mais correta.

CAPÍTULO 7 – Planejamento educacional em perspectiva estratégica: lições trazidas por escolas e redes de ensino que dão certo

> Todas as pessoas que conhecemos sonham, em algum nível, com o sucesso: querem ter sucesso na vida, querem que seu time tenha sucesso, que seus filhos sejam pessoas de sucesso. Existem até revistas especializadas em mostrar a vida de personalidades de sucesso. Mas o que significa essa palavra tão abstrata? (CARVALHO, 2010, p. 3).

Conforme visto nos capítulos 1 e 2 deste livro, o planejamento educacional é multidimensional e, dentro dessas dimensões, tal como detalhado de modo genérico (porém nem por isso menos preciso), está a dimensão estratégica do planejamento educacional. A esse respeito, as estratégias a serem seguidas nesse âmbito são muitas, e uma delas consiste em adotar uma atitude de atenção e abertura para o aprendizado com as experiências trazidas pela prática, especialmente se essa prática encontra similaridade com os resultados que foram obtidos em contextos educacionais parecidos com aquele em que o planejamento será aplicado.

Neste capítulo, é desenvolvido um debate relativo ao tema que mobiliza a muitos dos educadores: como é a escola que queremos? Esse tema é pertinente tanto às escolas públicas como às escolas privadas, pois se trata de uma pergunta que "dispara" em vários casos muitos dos processos de planejamento realizados nas instituições escolares. Metas, objetivos, propostas pedagógicas, programas e planos em escolas e redes de ensino em alguma medida consideram essa pergunta (ainda que não formulada de modo direto). Com vistas a detalhar (ao menos alguns) desses processos (com ênfase nas escolas públicas), são trabalhadas neste capítulo as seguintes temáticas: a) breve histórico de experiências educacionais bem-sucedidas em escolas públicas e privadas; b) o planejamento educacional e o sucesso escolar.

Escolas que dão certo: um começo de conversa

O que define uma escola que dá certo? Arrisco dizer que uma escola que dá certo é aquela que promove a aprendizagem dos seus alunos, é valorizada pela comunidade escolar e o trabalho dos seus profissionais é respeitado e satisfatório. Não necessariamente uma escola "mais rica" (do ponto de vista financeiro e de infraestrutura) é a escola que dá mais certo. Por isso, surge para nós uma questão importante: o que é uma experiência educacional bem-sucedida? Neste livro, a resposta a essa pergunta está colocada em dois pontos (que serão mais detalhados no próximo capítulo, relativo às questões da qualidade educacional): a) ação concreta bem-sucedida (sobretudo em escolas), referente a contextos nos quais, a partir de alguma intervenção (pedagógica, administrativa e/ou de infraestrutura) o ensino e a aprendizagem melhoraram (de acordo com os indicadores utilizados para aferir essa melhora); b) clima institucional favorável, no qual tanto alunos quanto professores integrantes do *staff* expressam (de diversas maneiras possíveis) a satisfação em realizar suas atividades no local.

Experiências escolares bem-sucedidas e tornadas clássicas pela historiografia educacional brasileira

Para tornar mais concretas essas experiências educacionais bem-sucedidas, foram selecionados alguns exemplos de escolas públicas que dão certo, contidos em experiências educacionais relatadas pela historiografia da educação do Brasil, os quais são identificados a seguir.

a. **Centro Educacional Carneiro Ribeiro (Salvador, BA, 1950)**

O Centro Educacional Carneiro Ribeiro consistiu numa experiência educacional assaz interessante, levada a cabo por Anísio Teixeira durante sua gestão como secretário de Educação do estado da Bahia. Dotado de um pensamento avançado e de grande iniciativa como administrador educacional, Anísio Teixeira elabora uma reconstrução escolar pautada nos moldes do pragmatismo de John Dewey. Nesse sentido, procurou desenvolver uma escola-modelo cujas bases seriam as de integração entre a vida cotidiana e a vida escolar. Isto foi feito ao ser criada uma escola de tempo integral (o Centro Educacional Carneiro Ribeiro), que associava atividades pedagógicas vinculadas às disciplinas escolares regulares (escola-classe) a uma série de atividades pedagógicas voltadas para o desenvolvimento de atividades lúdicas e de preparação para o trabalho (escola-parque). A ideia central era a de que a escola "imitasse a vida social", trazendo então ao conjunto dos saberes escolares o conhecimento derivado do mundo do trabalho e do cotidiano da escola, de modo que fizesse que a democracia (vista pelo autor como a expressão ética da vida) viesse a se construir por meio de uma ação escolar de mudança cultural, a qual eliminaria a distinção entre o trabalho manual e a erudição escolar (Dr. Anísio Teixeira sempre fora um crítico ferrenho do ensino verbalista de seu tempo), que caracteriza o dualismo escolar presente há séculos na educação brasileira.[1] Cabe ainda registrar que essa experiência pioneira desenvolvida em Salvador por Anísio Teixeira constituiu a base referencial de muitas das tentativas de implantar a educação de tempo integral no Brasil (como, por exemplo: os Centros Integrados de Educação Pública (Cieps), cuja concepção possui autoria de Darcy Ribeiro).

b. **Escola Guatemala (Rio de Janeiro, RJ, 1960)**
A Escola Guatemala consistia em uma escola de aplicação do Centro Brasileiro de Pesquisas Educacionais (CBPE), localizada no Rio de Janeiro e criada (como escola experimental, pois já existia há algumas décadas) em 1960. Assim como o Centro Educacional Carneiro Ribeiro, essa experiência educacional se desenvolveu sob a égide do pensamento pragmatista que animava o dr. Anísio Teixeira. A ideia subjacente à Escola Guatemala era a de um núcleo de formação de professores em exercício,

---

[1] A esse respeito, verificar na bibliografia o artigo sobre pragmatismo e desenvolvimentismo no contexto educacional brasileiro dos anos 1950-1960 (MENDONÇA et al., 2005).

o qual, ao mesmo tempo que serviria como campo empírico para o preparo de professores em formação, permitiria o desenvolvimento de técnicas e metodologias pedagógicas experimentais, as quais seriam disseminadas pelas demais escolas e redes de ensino, por intermédio de uma divisão especializada na temática e que existia no âmbito do Inep, divisão esta denominada Divisão de Aperfeiçoamento do Magistério (DAM). Esse plano institucional faria que a Escola Guatemala, assim como os Centros Regionais de Pesquisa Educacional (CRPE), se configurasse como "ponto nodal" da rede de pesquisa, trazendo para a dinâmica escolar conhecimentos, métodos e técnicas desenvolvidos nesses órgãos. Dentre as realizações da Escola Guatemala, destacam-se: a) o desenvolvimento do método fônico de alfabetização (o qual veio a se tornar conhecido amplamente como "Método da Abelhinha"); b) um núcleo experimental de estudos psicopedagógicos, com vistas a observar, diagnosticar e atuar sobre as dificuldades de aprendizagem dos estudantes. Esta foi então uma experiência escolar referencial no que diz respeito às inovações pedagógicas no âmbito da formação de professores, especialmente no que se refere à perspectiva do que hoje se convencionou chamar formação continuada.[2]

c. **Fubrae – Centro Educacional de Niterói (Niterói, RJ, 1960-1970)**
Em 1960, ocorre a criação do Centro Educacional de Niterói (CEN), escola experimental privada cujo desenho apresentava uma interessante organização do ponto de vista administrativo, merecendo maior destaque em relação aos elementos do planejamento educacional: uma composição entre a esfera pública e a esfera privada no que diz respeito ao seu regime jurídico. Essa organização mista permitia que fossem desenvolvidos projetos e ações educacionais de interesse público, porém com o financiamento de uma fundação mantida com recursos do governo

---

[2] O artigo de Cecilia Neves Lima intitulado: *Formação continuada e experimentalismo pedagógico:* a escola Guatemala nos anos de 1950/1960 (2006) contém em detalhes todo o processo de construção, desenvolvimento e extinção dessa escola, assim como uma análise do caráter inovador das experiências desenvolvidas durante os anos 1950-1960.

federal denominada Fundação Brasileira de Educação (Fubrae). Os projetos educacionais do CEN dividiam-se em duas vertentes principais: a) desenvolvimento de um método avaliativo sem a utilização de provas ou testes, baseado no modelo pedagógico de Freinet e cuja proposta seria a de uma "escola sem muros", promovendo a integração entre todos os espaços (administrativos e pedagógicos) e um currículo no qual as artes seriam integradoras das disciplinas escolares; b) o desenvolvimento pioneiro de uma metodologia de estudos a distância (por correspondência, na qual o então denominado ensino supletivo era expandido até as regiões mais distantes do país por intermédio de um sistema de correspondências postais em que os alunos viriam somente realizar provas cujos conteúdos estavam presentes nos módulos de instrução programada que constavam do programa de ensino da Fubrae).[3] Se considerarmos o fato de que o país estava sob a égide de uma ditadura militar, essa proposta se reveste de maior ineditismo e relevância para a educação nacional.

Conforme se pode perceber, essas experiências foram modelares, sobretudo no que se refere à construção de padrões de excelência quanto ao ensino e à aprendizagem, sem contar a expansão do acesso à educação pública em épocas nas quais este não se configurava ainda como universal, assim como ocorre na atualidade brasileira (com aproximadamente 98% de crianças nas escolas de ensino fundamental em 2015).

Experiências educacionais escolares bem-sucedidas na atualidade

Após esta breve (porém profícua) revisão do que ocorreu em décadas anteriores, igualmente cabe mencionar alguns exemplos de escolas públicas com experiências educacionais bem-sucedidas em passado recente e na atualidade:

---

[3] Para informações, consulte a minha tese de doutorado intitulada *O público, o privado e o ensino fluminense* (1960-1976): o caso do Centro Educacional de Niterói (2010).

a. **Escola Cidadã (Porto Alegre, RS, 2000)**
Experiência bem-sucedida com orçamento participativo. A referida experiência colocou-se como política pública municipal do fim dos anos 1980 até o início do atual século.[4] A ideia desenvolvida foi a de fazer, por meio de assembleias, debates e atividades envolvendo a sociedade civil, que princípios da gestão democrática, como o orçamento participativo, fossem tornados concretos na realidade das escolas municipais da capital do Rio Grande do Sul. A esse respeito, Azevedo (2007, p. 11) indica que:

> Os Conselhos Escolares e a eleição de diretores, estes com mandato de três anos, passaram a cumprir importante papel na democratização da gestão. A democratização da gestão traz importante contribuição para a democratização do acesso à escola e do acesso ao conhecimento. As direções e conselheiros, eleitos com a participação da comunidade, foram desafiados a buscar mais legitimidade política, articulando-se com a comunidade, participando de seus movimentos, principalmente do Orçamento Participativo da cidade. Desenvolveu-se todo um conjunto de ações com Conselhos Tutelares, com Conselhos Setoriais (como o da Criança e do Adolescente) com o da Educação, com o Ministério Público e com outros fóruns da Administração Popular e da sociedade civil.

Ou seja, o conjunto das deliberações e das decisões é trazido para o interior das escolas da referida rede municipal, bem como se torna claro que a própria escola é concebida como uma estrutura capaz de transmitir à comunidade o *modus operandi* da democracia representativa e da tomada de decisões compartilhada, a fim de fazer que as escolas fossem, então, não somente vistas pela população como pertencentes a ela, como também entendidas como instâncias sociais de participação e aprendizado da democracia.

---

[4] A assim denominada escola cidadã consistiu em uma política municipal desenvolvida durante três mandatos municipais: a) 1989-1992 – prefeito: Olívio Dutra; b) 1993-1996 – prefeito: Tarso Genro; c) 1997-2000 – prefeito: Raul Pont.

b. **Escola Olavo Pezzotti (São Paulo, SP, 2010)**
Melhoria dos indicadores educacionais por meio do uso de estratégias artísticas. Essa experiência se deu na medida em que a referida escola apresentava enormes índices de evasão e abandono escolar, sem contar que os indicadores de avaliação externa mensurados pelo Ideb eram significativamente baixos (indicador de fluxo em 2009 de 0,99, com indicador de aprendizado de 4,78). Em dois anos de reformulação de atividades pedagógicas na escola, com a inclusão de música, dança, artes e atividades culturais realizadas pelos alunos e pais de alunos da comunidade do entorno escolar (um bairro de São Paulo chamado Vila Madalena), houve não somente a revitalização de seu espaço físico (não havia mais sinais de vandalismo), como os indicadores de avaliação externa melhoraram significativamente, situando a escola dentro da meta do Ideb (5,1 pontos a partir do indicador de fluxo de 0,95 e com nota de 5,48 quanto ao aprendizado). Eis um exemplo que merece discussão: a alteração de elementos colaterais (não diretamente ligados à dinâmica pedagógica da aprendizagem) por vezes produz alterações nos indicadores de aprendizagem. No caso dessa escola, isto se deveu principalmente à maior interação entre a cultura da comunidade do entorno e à cultura escolar, que se tornou mais aberta e receptiva à participação integrada dos estudantes em atividades lúdicas e recreativas, porém planejadas para terem ligação com a proposta pedagógica da escola.[5]

c. **Escola Oscar Batista (Cambuci, RJ, 2012)**
Esta escola recebeu a segunda melhor nota no Ideb de todo o estado do Rio de Janeiro no ano de 2011. O que chama a atenção foi o aumento exponencial desse indicador no período de quatro anos: saltou de 3,3 para 7,7.[6] Outro fator merece destaque: trata-se de uma escola estadual localizada na zona rural do município de Cambuci, integrante da região noroeste fluminense desse estado, e que detém somente 1,03% do PIB estadual,

---

[5] Mais informações sobre os indicadores educacionais da Escola Olavo Pezzotti podem ser consultados no site: <http://www.qedu.org.br/escola/188510-emef-olavo-pezzotti-prof/ideb?dependence=3&grade=2&edition=2011>. Acesso em: 2 fev. 2016.
[6] Disponível em: <http://www.qedu.org.br/escola/172039-ce-oscar-batista/ideb>. Acesso em: 2 fev. 2016.

distribuído por treze municípios. Há então de questionar: como em condições tão adversas do ponto de vista da infraestrutura essa escola consegue um indicador tão elevado no Ideb? Essa escola realizou um trabalho de combate à repetência e de incentivo a que os pais dos alunos retomassem os estudos na própria escola, bem como buscou integração com licenciados formados por IES locais e que desejassem utilizar a escola como campo de aplicação dos estados. A mobilização em torno de um projeto de combate à repetência e de promoção da melhoria dos indicadores de aprendizagem transformou-se no resultado expressivo que fora relatado. Como se pôde perceber, foi mais uma experiência bem-sucedida de integração da comunidade escolar com os professores e o *staff* da gestão, na qual a palavra mobilização seria um excelente descritor desse processo.

Dentre os exemplos que foram elencados (e muitos outros poderiam ser destacados), existem programas e propostas de escolas bastante diferentes, mas que são bem-sucedidas. Mesmo assim, alguns pontos em comum existem em muitas experiências educacionais de sucesso escolar.

A aplicação de elementos bem-sucedidos de outras experiências educacionais ao planejamento educacional

Conforme foi possível perceber mediante a análise das experiências educacionais elencadas, vários métodos, técnicas e formas de ensinar foram trazidos nos exemplos mencionados e discutidos. É claro que poderiam ser trazidos muito mais exemplos, porém o objetivo deste capítulo está para além de uma perspectiva exemplarista ou que se apoia em mera descrição de escolas que foram bem-sucedidas. Nesta seção, o objetivo primordial é trazer para o escopo do planejamento educacional o método utilizado para a implantação de novas práticas escolares por intermédio do ciclo do planejamento educacional. Para tanto, cabe indicar que, por meio dessa ação, acredita-se na possibilidade de modificar as práticas escolares previamente existentes pela introdução de elementos indutores/fomentadores dos objetivos educacionais perseguidos no âmbito da proposta pedagógica da escola. Para realizar essa tarefa, há de se prosseguir então com a aplicação do ciclo do planejamento educacional ao trabalho de incorporação de elementos bem-sucedidos de experiências educacionais em contextos diversos.

A esse respeito, na primeira etapa (planejamento) cabe uma análise de experiências educacionais diversas de modo a buscar quais dessas ocorreram em realidades educacionais comparáveis. Assim como não há a possibilidade de uma total assimilação de uma experiência educacional em outra mediante uma espécie de "mimese", não é possível de modo algum supor que realidades educacionais que não sejam comparáveis possam surtir resultados ao menos parecidos. Nesta etapa, por intermédio de comparação, o planejamento se estrutura por meio da definição de objetivos educacionais e metas que sejam comparáveis, o que requer um conhecimento tanto da realidade educacional exterior à escola, quanto da realidade educacional pela qual será realizado um "aproveitamento" das experiências desenvolvidas. A questão mais importante, nesse sentido, é a divisão dessa etapa do ciclo do planejamento educacional em dois estágios: a) o primeiro estágio consiste na análise, na discussão e na sistematização dos dados (internos e externos), que são então comparados; b) são construídos a seguir os objetivos e esboçadas as metas de melhoria por meio dos elementos estudados, com o intuito de pensar como estes poderão se adaptar à realidade educacional da escola que iniciou esse processo de planejamento.

Na etapa concernente ao projeto, cabe estabelecer as metas, os prazos e os mecanismos pelos quais os elementos de comparação poderão ser aplicados e assim trazer melhorias para os processos pedagógicos, administrativos e/ou de infraestrutura. A preocupação na etapa relativa à modelagem do projeto coloca-se para além da (já esperada) construção de indicadores, metas e mecanismos de acompanhamento do projeto; há de se ter em conta o fato de que toda atenção é necessária para que não ocorram dois problemas: a) a possível descaracterização da escola pela assimilação *ad hoc* dos elementos hauridos externamente; b) a ineficácia do processo de aproveitamento das experiências educacionais externas devido à pouca (ou nenhuma) transformação da realidade escolar para incorporar esses elementos à estrutura interna da escola em questão.

Em relação à etapa de construção do plano, este precisa considerar não somente a execução das ações que foram delineadas no projeto (com seus respectivos mecanismos de acompanhamento e avaliação), mas também a destinação que será dada aos elementos "aproveitados" da(s) experiência(s) educacional(is) exterior(es), seja no que se refere à possível "anulação" dos referidos elementos concernentes ao planejamento educacional, seja no que tange a uma possível assimilação/aproveitamento de novos elementos surgidos de experiências educacionais externas bem-sucedidas, o que sem dúvida ensejaria o início de novo Planejamento e assim se efetuaria o reinício do ciclo do planejamento educacional.

Considerações finais

Desde os estudos célebres do início do século promovidos pelo campo de pesquisas da educação comparada, passando pelos estudos de administração educacional realizados por Anísio Teixeira nos anos 1950-1960, há a discussão relativa ao que se convencionou chamar de "transplante educacional". Esta é uma noção que se refere à inserção de elementos externos a determinado contexto educacional (em nível micro, meso ou macro) na realidade educacional que se pretende melhorar. Entre as críticas a essa noção estaria a ideia de que a transposição acrítica desses elementos inviabilizaria o planejamento educacional na realidade em que esse "transplante ocorreria".

Conforme foi examinado neste capítulo, a aplicação do método que compara o planejamento educacional de escolas a experiências educacionais bem-sucedidas pode ser realizada sem que a referida transposição acrítica ocorra. É claro que, para a realização desse empreendimento, é preciso ter em mente que se trata de uma medida assentada sobre a transparência dos objetivos pretendidos, e, no que concerne ao planejamento educacional, a finalidade não poderia ser outra que não a melhoria das condições de ensino-aprendizagem das referidas escolas. Isto resulta em uma questão assaz importante e que merece ser colocada: o que é qualidade educacional? No próximo capítulo serão trazidos alguns subsídios para o exame dessa questão, tendo em conta o fato de que para sua resolução, ao menos dois elementos estão envolvidos: o rendimento escolar e a qualidade social.

CAPÍTULO 8 – Planejamento educacional diante das questões da qualidade: rendimento escolar e qualidade social

> Tem sido cada vez mais recorrente a discussão acerca da (falta de) qualidade da educação brasileira. Essa questão aparece frequentemente nos jornais e nos documentos e discursos oficiais sobre educação. A concepção do que é essa qualidade, entretanto, não é nem pode ser consensual, pois depende das visões de mundo das quais se parte para analisar a escola e os processos educativos que ocorrem no seu interior (NAJJAR, 2004, p. 2).

Este é um tema de difícil abordagem devido às múltiplas visões teóricas e experiências desenvolvidas em diversos campos de conhecimento (como a administração de empresas e a pedagogia). As diferentes noções de qualidade possuem diferentes impactos sobre o planejamento educacional por uma razão específica: elas servem para definir a identidade dos objetivos a serem perseguidos em cada caso no qual se pretende desenvolver o referido planejamento. Neste capítulo será apresentada uma visão panorâmica relativa à temática, bem como a visão de qualidade que norteia este livro, especialmente no que se refere à relação entre qualidade e planejamento educacional. Assim, nas partes que seguem, há: a) uma explanação relativa às definições iniciais (básicas sobre qualidade); b) uma discussão relativa à importância do rendimento escolar e da qualidade social; c) um breve ensaio sobre o papel da qualidade em cada etapa do planejamento educacional.

Qualidade e qualidade educacional: definições iniciais

A qualidade é uma decorrência da capacidade humana de analisar algo e obter um juízo por meio dessa análise. Esse juízo analítico possui vários graus, sendo o primeiro deles a capacidade de discriminação binária entre "bom" e "mal/ruim". Esses graus podem ser (e frequentemente o são) aprimorados em gradações cada vez mais precisas, podendo ser associados, por exemplo, a escalas numéricas (eis aí a mecânica da conhecida fórmula escolar da avaliação da aprendizagem em termos de notas oriundas de uma escala numerada de 0 a 10).

Para que possamos analisar qualquer elemento da realidade, seja este interno (subjetivo) ou externo (objetivo), é necessária uma quantidade mínima deste elemento a ser analisado e por meio do qual o mesmo se dá a conhecer. Assim, subentende-se que, ainda que a qualidade não se circunscreva à quantidade, não pode prescindir dela. Em matéria de educação, esse debate, conforme veremos, muitas vezes se colocou sobre a importância das medidas educacionais, que, por sua vez, foram entendidas em vários contextos como sendo sinônimo de avaliação. Essa simplificação indevida foi e ainda é a fonte de inúmeras confusões conceituais e de caráter prático nas escolas, conforme será mais adiante discutido. Por ora, cabe indicar que a separação artificial entre qualidade e quantidade é a fonte de inúmeras incompreensões e erros cometidos em termos de avaliação, tais como a noção de que determinado *score* expressa todo o processo pedagógico e a, não menos equivocada, ideia de que a supressão de parâmetros avaliativos necessariamente soluciona as dificuldades apontadas em métodos de avaliação paramétricos e terminais (como provas e testes).

Feita esta introdução, cabe questionar o que entendemos por qualidade (em um sentido amplo). Assim, definimos então a qualidade como uma grandeza relacional, multidimensional e mutável de acordo com a finalidade e o caso concreto em que se aplica. Em se tratando de educação, acrescentaríamos a esta definição a necessidade de ter como elemento de referência o ensino-aprendizagem. Vamos então analisar esses três elementos de nossa definição da qualidade. Em primeiro lugar, deve ser ressaltado que trata-se de uma grandeza relacional não por existir uma "qualidade em si", mas sim de uma noção de qualidade que decorre necessariamente de uma comparação entre elementos parecidos ou ao menos similares. Por exemplo: se queremos avaliar a qualidade do sabor de morangos, não podemos fazer isso a partir de um conjunto de morangos e limões (por exemplo). Ou seja, a qualidade somente pode ser aferida por meio de um referencial que inclua a possibilidade de comparar os elementos envolvidos. É por isso, por exemplo, que se pode criticar a pertinência de avaliar com o mesmo instrumento realidades educacionais muito diferentes.

A segunda das considerações relativas à noção de qualidade apresentada refere-se ao fato de que a qualidade possui múltiplas dimensões, que, por sua vez, são impactadas pela visão de mundo, formação cultural (e acadêmica) e orientação política de quem procede à aferição da qualidade. É por isso que, em matéria de educação, economistas (por exemplo) tenderiam a situar os indicadores de qualidade escolar em termos de uma relação de custo-benefício financeiro (tema que foi tangenciado no sexto capítulo deste livro), enquanto pedagogos tenderiam a enfocar o alcance de objetivos de aprendizagem. Qual das abordagens estaria mais correta? A resposta é: as duas. Dependendo do objeto e dos objetivos da avaliação de qualidade, a preponderância desses fatores (entre outros) impacta sobremaneira os padrões de aferição de qualidade que serão delineados: quanto mais estes forem coerentes no que concerne à relação entre objetivo e objeto, mais os indicadores serão precisos no que se refere à aferição de qualidade desenvolvida.

A qualidade educacional, de acordo com a definição apresentada anteriormente, é uma grandeza mutável, pois cada caso concreto exigirá um processo próprio de construção de indicadores de qualidade, já que cada realidade educacional possui suas peculiaridades, ou, dizendo de outra maneira, cada realidade singular apresenta um dos casos particulares do possível (na expressão consagrada do ilustre Gaston Bachelard). Por sua vez, cada caso concreto (seja uma instituição educativa ou uma rede/sistema de ensino) possui uma finalidade mais ampla, que é a excelência nos padrões de ensino-aprendizagem, a qual, por sua vez, não pode deixar de considerar (ao menos) três ordens de fatores: 1) infraestrutura; 2) elementos de gestão/administração; 3) elementos pedagógicos.[1] É na confluência desses fatores que cada "caso concreto" vai requerer a construção de

---

[1] Lembrando mais uma vez que essas ordens de fatores, no que tange aos processos de planejamento educacional, já foram devidamente trabalhadas em capítulos anteriores.

indicadores qualitativos para abordar as suas respectivas particularidades. Antes de encerrar essas discussões alusivas à qualidade educacional, faz-se necessário detalhar ainda duas noções: rendimento escolar e qualidade social.

Com relação ao rendimento escolar, cabe a seguinte definição: grandeza utilizada para mensurar a eficiência de determinada escola ou rede de ensino por meio de indicadores paramétricos relativos ao ensino-aprendizagem na realidade educacional tomada como exemplo. Assim, tendo como base essa definição, podemos elencar alguns elementos que são parâmetros de aferição do rendimento escolar, tais como: a) índices de repetência, evasão, abandono escolar; b) distorção idade-série; c) *score* em avaliações externas como o Ideb.[2] É evidente que poderiam ser identificados outros indicadores, porém o objetivo aqui é o de dar concretude à noção apresentada mediante exemplos, e não esgotar todas as possibilidades de descrição dos indicadores de rendimento escolar.

Além do rendimento escolar, há outra noção de suma importância que deve ser apresentada: a noção de qualidade social. Essa noção diz respeito à qualidade relativa à participação da sociedade civil (e, por consequência, da comunidade educacional/escolar) nos processos decisórios das instituições educativas (escolas ou IES) cujos indicadores se baseiam no princípio da gestão democrática, ou seja, apontam para uma participação que vai em direção ao compartilhamento de decisões e responsabilidades em relação aos processos financeiros, gerenciais e pedagógicos das instituições educativas, redes e sistemas de ensino. Com base nessa definição, é preciso notar que não há a possibilidade de ser realizada uma mensuração de índices de qualidade social tão diretos quanto os *scores* produzidos por alguns dos indicadores de rendimento escolar, porém esses indicadores seriam, no entanto, perceptíveis pela observação dos seguintes elementos: a) a sociedade civil e as comunidades escolares participam das reuniões referentes aos processos decisórios (especialmente em escolas e IES)? b) essa participação

---

[2] O Índice de Desenvolvimento da Educação Básica (Ideb) consiste no indicador utilizado como referência para boa parte das avaliações externas incidentes sobre a educação básica. Esse indicador consiste na equação que divide a nota na avaliação nacional externa (Prova Brasil) pela média de anos em que o aluno leva para ser aprovado no ano observado pelo Ideb (fluxo escolar). Essa nota é então utilizada como parâmetro referencial para a formulação de políticas públicas e o desenvolvimento de programas de ensino em nível local das redes e escolas abrangidas pelo indicador. Mais informações podem ser obtidas em: <ideb.mec.gov.br> Acesso em: 21 jun. 2016.

se dá de modo que inclui de maneira equitativa os diferentes atores envolvidos nos processos decisórios? Assim, a qualidade social coloca-se muito mais como um princípio a ser atingido do que como uma grandeza objetiva pautada em indicadores paramétricos previamente definidos.

Com base nessas definições iniciais, serão exploradas a seguir as relações entre rendimento escolar e qualidade social no âmbito do planejamento educacional.

O planejamento educacional e a qualidade: rendimento escolar e qualidade social

Em se tratando de uma grandeza relacional como a qualidade e tendo em vista que lidamos com sistemas públicos de ensino,[3] não se pode ignorar que há uma conexão política, mas também administrativa, entre os indicadores avaliativos externos (Ideb, Saeb, Prova Brasil, Enem e Enade) e programas governamentais mais amplos (como o PDDE, por exemplo) e a natureza do trabalho desenvolvido em escolas e redes de ensino, sobretudo em se tratando de escolas e IES públicas. Assim, também se torna necessário indicar que a construção dos indicadores de qualidade não pode se restringir à mera aplicação acrítica dos resultados expressos nas escalas paramétricas dos elementos de avaliação externa, nem tampouco construir uma metodologia avaliativa de qualidade que impeça o diálogo entre a escola/sistema de ensino e a política educacional nacional como um todo.

Para concretizar todas essas reflexões (em especial no tocante às escolas), entendemos que há um elemento imprescindível no que diz respeito à realidade escolar: o Projeto Político-pedagógico (PPP).[4] Este vem a ser um documento que, ao mesmo tempo que faz as vezes de bússola e diário, traduz os anseios e necessidades da escola no que tange à qualidade de ensino e aos parâmetros de avaliação. Portanto, cabe afirmar que o PPP é muito mais do que uma carta de intenções e um código

---

[3] De acordo com o Título IV da LDB, mesmo as instituições educativas privadas estão ligadas aos sistemas de ensino públicos (para efeito de certificação e avaliação da qualidade). As escolas de educação infantil e ensino fundamental vinculam-se aos municípios. As escolas de ensino fundamental e ensino médio vinculam-se aos estados; e as IES, ao sistema federal de ensino.

[4] Cabe indicar que no Capítulo 9 deste livro são detalhados passo a passo os procedimentos relativos à construção do PPP, porém para efeito didático e de encadeamento lógico da obra, teremos nesta seção uma explanação introdutória a respeito desse importante documento escolar.

de posturas (muito mais identificado com o Regimento Escolar), assim como é muito mais do que mero "livro de ocorrências".

O PPP constitui então, por seu caráter aberto, coletivo e mutável (ele muda sempre que muda a sociedade, sempre que se transforma a coletividade que lhe deu origem), um marco referencial para a construção dos indicadores **internos** de qualidade escolar. Juntamente com os indicadores externos (por exemplo, o Ideb), acaba por ser o mecanismo por excelência para a junção entre as duas dimensões da qualidade: a dimensão **macro** (externa e padronizada nacionalmente) e a dimensão **micro** (referente ao que a comunidade escolar acredita como sendo o melhor em termos de qualidade). Enfatizamos ainda que a inclusão de aspectos relevantes para as comunidades escolares (integrantes da assim denominada qualidade social) precisa estar no horizonte da construção de indicadores de qualidade, pois somente dessa forma a escola/sistema de ensino poderá realizar sua missão emancipatória, prevista na CF/88 e na LDB.

Assim, se por um lado busca-se (especialmente no âmbito das redes de ensino) o melhor rendimento escolar (o que, em matéria de aprendizagem e eficiência administrativa, se traduzirá em indicadores mais elevados de avaliação externa), não é possível ignorar que esse rendimento somente tem sentido em uma escola que realiza o seu mister no sentido de servir à população como instrumento emancipatório e de mudança social.

Após essas considerações sobre a relação entre a qualidade (tanto no que tange ao rendimento escolar quanto no que alude à qualidade social) e planejamento educacional, deve ser salientado que, em cada uma das fases do processo de elaboração de projetos e planos, a qualidade encontra um papel preponderante. A seguir identificamos algumas dessas características em cada uma das referidas etapas.

A qualidade nas etapas do planejamento educacional

Devido à multidimensionalidade e à complexidade da qualidade educacional, é necessário ao menos esboçar as relações entre esse indicador primordial e as etapas do planejamento educacional identificadas nesta obra. Como nas demais seções, elas são identificadas com a elaboração do projeto, com o desenvolvimento do plano e com o planejamento dos próximos passos (que, deve ser novamente lembrado, confere ao planejamento educacional um caráter cíclico e dinâmico).

No que diz respeito à relação entre a qualidade educacional e o delineamento dos projetos, cabe retomar a pergunta que inicia o sétimo capítulo deste livro: "qual é a escola que queremos?". É a partir dessa pergunta que se torna possível esboçar objetivos, prazos e metas a atingir. Igualmente, é com essa pergunta que se delineia um dos princípios que vão nortear os processos avaliativos e as estratégias de aprendizagem escolar, ou seja, ao ter em vista o que é mais importante para a instituição escolar, torna-se imprescindível balancear os elementos do projeto (que se converterão em plano) entre os indicadores do rendimento escolar e da qualidade social (ainda que outros possam surgir nessa etapa). Assim, devem ser elencados nessa etapa os mecanismos de participação da comunidade escolar nas decisões administrativas, financeiras e pedagógicas, bem como deve ser deixado claro o que se considera relevante em termos de aprendizagem e os mecanismos que serão utilizados para mensurar o atingimento das metas propostas.

No que diz respeito à etapa do plano, cabe concretizar as visões de qualidade pertinentes à escola a fim de delimitar claramente no âmbito da execução quais são os elementos de controle utilizados durante esse processo de acompanhamento. É fundamental nessa etapa utilizar referenciais internos e externos (quanto a currículo, processos gerenciais/administrativos e financeiros). Não se pode esquecer que nessa etapa os documentos escolares[5] (quando se fala em um bom planejamento educacional) devem ter registros claros e precisos. Isto implica no fato de que, ao executar o plano, tendo em vista a multidimensionalidade da noção de qualidade educacional defendida nesta obra, faz-se absolutamente necessário utilizar a comparação como atividade primordial para esse acompanhamento, seja pelo contraste entre indicadores de qualidade, objetivos e metas com a realidade do cotidiano da escola, seja pelo contraste desses elementos com realidades educacionais externas (mas comparáveis), como: indicadores de aprendizagem de escolas com características similares. As escolas não são realidades

---

[5] O Capítulo 10 deste livro trata de modo ampliado e prático (há inclusive exemplos de documentos) dos processos referentes à construção e à aplicação dos documentos escolares.

fechadas em si mesmas (especialmente quando se trata de escolas públicas) e, portanto, não cabe realizar o planejamento educacional das mesmas utilizando indicadores de qualidade pensados como se não mantivessem relações com a sociedade, a cultura e as escolas/sistemas de ensino de seu entorno.

Em relação aos processos de planejamento e avaliação dos próximos rumos, etapas e objetivos da escola, temos uma (re)conexão com os objetivos esposados e com a pergunta inicial referente à escola desejada. É nessa etapa que os mecanismos de avaliação (tanto do processo quanto do resultado final das metas) possuem preponderância, pois informam ao planejador/gestor e à comunidade escolar o quanto a escola se manteve nos rumos desejáveis e o que deve ser modificado/transformado para o período seguinte (lembrando que, em matéria de escolas, o ano escolar deve sempre ser levado em conta nos ciclos de planejamento). Por essa razão, o balanceamento entre rendimento escolar e qualidade social quanto à definição de objetivos, metas e mecanismos se reveste de tamanha importância, já que, sem um investimento de tempo e estudos nessa etapa, a verificação dos novos rumos e da melhoria contínua da aprendizagem se torna muito difícil.

Para concluir este capítulo, gostaria então de trazer à reflexão o fato de que as atividades de planejamento são atividades que envolvem sempre uma relação entre qualidade e quantidade, e que tanto um quanto o outro polo precisam ser bem delineados, pois, do contrário, não são obtidos resultados comparáveis aos objetivos. Dito de outra forma: sem saber qual escola queremos e sem estruturar uma boa relação entre os polos da qualidade/quantidade em matéria educacional, torna-se praticamente impossível realizar um trabalho pedagógico "de qualidade", ou seja, que atenda aos anseios de quem planeja a escola e de quem nela está presente e é impactado pelos efeitos do trabalho pedagógico, administrativo e financeiro nela desenvolvido.

TERCEIRA PARTE: ESBOÇO DE UM MANUAL PARA PLANEJADORES

CAPÍTULO 9 – Planejamento educacional e documentos escolares para professores: plano de aula e plano de ensino

> O documento traz inscrita uma tecnologia a qual nele incide manifestando o momento histórico em que foi criado. Se até hoje o papel é o suporte mais usual de um documento, seja ele impresso, manuscrito ou datilografado[...] (WERLE, 2002, p. 78).

O planejamento educacional possui uma fase ligada à concretização dos projetos, denominada *plano* neste livro. Relembrando o que fora dito no capítulo 2, o plano possui (entre outras) uma dimensão documental na qual são registrados os resultados das aplicações das metas do projeto, bem como são propostos os fundamentos do (novo) planejamento subsequente a esse registro. As escolas, via de regra, utilizam planos destinados aos professores, porém, muitas vezes seus modelos não se encontram disponíveis e, mais ainda, na falta desses, não raro os professores se veem em dificuldades no momento de sua elaboração.

Com vistas a suprir essa lacuna e ao mesmo tempo discorrer sobre o planejamento educacional em escala **micro**, serão apresentados neste capítulo procedimentos relativos à construção do plano de aula e plano de ensino, indicando como os referidos documentos se inserem na dinâmica do ciclo do planejamento educacional.[1] De modo inicial, deve ser indicado que a distinção entre plano de aula e plano de ensino está baseada muito mais no desdobramento em termos de

---

[1] Nos anexos on-line, há uma série de exemplos de documentos escolares utilizados por professores e gestores educacionais. A ideia é que sirvam não apenas como base para futuras elaborações em matéria de planejamento educacional como também sejam elementos de análise crítica acerca da sua construção.

tempo e complexidade do que em uma distinção qualitativa quanto à natureza desses objetos. Que seja então iniciado o exame desses documentos a partir da discussão do ciclo do planejamento educacional aos planos de aula.

O planejamento educacional aplicado à atividade docente cotidiana: o ciclo do planejamento educacional e a construção de planos de aula

A práxis[2] cotidiana do educador (especialmente se este for um professor), quando realizada com padrão de excelência, comporta tanto os saberes e conhecimentos indispensáveis à sua formação profissional (e que estão contidos nas teorias pedagógicas que este deve conhecer durante sua formação), quanto os conhecimentos adquiridos e sistematizados durante o desenvolvimento de sua carreira profissional e que se relacionam diretamente com a prática desenvolvida nas salas de aula e escolas. A dimensão concreta/prática do educador por vezes assume tamanho relevo em sua vivência, que este parte do princípio de que pode deixar a teoria ocupar papel de menor importância nesse âmbito. É justamente por compreender que teoria e empiria se complementam e interpenetram (tal como visto no Capítulo 4 desta obra) que a concepção de planejamento educacional defendida por mim se refere a essa modalidade de planejamento como um elemento mediador entre essas duas dimensões da práxis.

De modo concreto, a referida mediação entre teoria e prática é realizada pelo desenvolvimento de dois planos: o plano de ensino e o plano de aula. A seguir, os dois serão examinados tendo em vista o seu aspecto estrutural, baseando essa análise no *ciclo do planejamento educacional*. Nesta seção, porém, a análise se concentrará no plano de aula.

---

[2] Práxis neste livro é um termo que se utiliza com o objetivo de referir-se ao tipo de conhecimento oriundo da reflexão sobre o trabalho realizado concretamente. Dito com outras palavras, refere-se ao processo de reconstrução do pensamento que ocorre no contato entre o sujeito e as condições objetivas/concretas da existência, e que encontra no trabalho o elemento de mediação nesse processo de reflexão, alimentado pela teoria e colocado em movimento pela ação prática.

A aula é a menor unidade temporal de um projeto pedagógico. No âmbito escolar, também é a menor unidade do ponto de vista da composição dos conteúdos, da organização administrativa e até financeira (lembremos que, em muitos casos, o salário do professor é calculado por hora/aula). O fato de ser a menor unidade não significa que deva ser dada menor importância a esse componente, que fundamenta a dinâmica escolar. Sua importância é comparável à dos átomos para a composição da matéria, pois é por meio das aulas que os processos de ensino-aprendizagem são desenvolvidos nas instituições educativas (sobretudo em escolas). É por isso que seus processos de estruturação, mesmo aparentemente não tendo relação direta com o planejamento e a administração educacional das unidades escolares, vêm a ser um elemento indispensável para a dimensão pedagógica dessas instituições escolares.

Do ponto de vista do planejamento educacional, ao ser aplicado o *ciclo do planejamento educacional*, a estruturação dos planos de aula obedece às seguintes etapas:

a. Na etapa do **planejamento**, há a necessidade do estudo dos conteúdos que serão distribuídos pelo tempo de aula, tendo esses conteúdos relação direta com a matriz curricular e o programa da disciplina que será ministrada. Dito de outra maneira: nesta etapa, é selecionada a **matéria** (no sentido aristotélico) que vai integrar o referido plano e que deve ser adequada às condições objetivas da classe, da disciplina e do espaço físico da sala de aula. Nessa etapa, é fundamental o conhecimento teórico do educador, pois por meio desse conhecimento é possível uma seleção mais adequada dessa matéria, bem como o seu melhor encadeamento na proposta pedagógica da escola em questão.

b. No que se refere à etapa do **projeto/modelagem de projeto** são pensadas e colocadas em prática as questões relativas ao espaço-tempo dessa aula, bem como as estratégias que serão utilizadas para seu desenvolvimento. Em outras palavras, é nessa etapa/fase que a **forma** (igualmente pensada no sentido aristotélico) da aula é delineada. Importantíssimo que nessa etapa sejam pensados os seguintes elementos: 1) *objetivos:* que se referem ao que deverá ser alcançado ao fim da aula pelos alunos. Deve sempre conter um verbo na sua composição (exemplo: ao fim da aula os alunos deverão ser capazes de conhecer os tipos de solo da região Sul); 2) *conteúdo:* nada mais é do que a matéria da aula, já identificada na etapa anterior; 3) *metodologia:* devem ser identificadas as estratégias e as técnicas pedagógicas a serem utilizadas no desenrolar da aula, bem como os recursos empregados (exemplo: será empregada como técnica uma aula expositiva utilizando como recurso pedagógico quadro de giz e tiras didáticas com perguntas a serem respondidas pelos alunos mediante sorteio realizado em sala); 4) *cronograma:* são distribuídas as atividades pelo tempo total da aula, de modo que haja a previsão das atividades realizadas e assim os conteúdos possam ser organizados e compostos sem que a aula se esgote antes do fim do tempo necessário ou fique incompleta. Um exemplo desse cronograma seria: 15 minutos para a apresentação do tema, 20 minutos para a exposição e explicação das atividades, 20 minutos para a realização das atividades, 10 minutos para encerramento da aula; 5) *avaliação:* são definidos os procedimentos pelos quais serão comparados os objetivos da aula com seus resultados finais. São indicados critérios e instrumentos avaliativos que tornarão possível essa comparação. Isto segue os moldes exemplificados da seguinte maneira: serão avaliadas as respostas dadas às tiras didáticas (instrumento) com base na coerência interna das respostas, correção ortográfica e gramatical e também a pertinência em relação aos conteúdos pedagógicos da disciplina e do programa de ensino da escola (critérios).

c. A etapa do **plano** consiste no registro escrito e no encadeamento das etapas do projeto (que no caso se adapta ao espaço-tempo da aula), pensando na articulação entre essa aula e a sequência de conteúdos que compõem a grade curricular. É importante ressaltar que, dado o caráter cíclico do planejamento educacional, depois de realizada a avaliação, um novo planejamento será necessário, pois há duas possibilidades ao fim da aula: 1) a turma atingiu os objetivos propostos e então a próxima aula vai seguir a sequência previamente montada, sendo avaliada somente a profundidade com que serão abordados os conteúdos novos, bem como o nível de dificuldade das atividades realizadas a seguir, o que dependerá do nível de desempenho da turma; 2) a turma não atingiu os objetivos previamente determinados e então a próxima aula deverá repassar alguns dos conteúdos ou repeti-los na íntegra em nova aula, de maneira que tanto a forma (sequência dos conteúdos) como a matéria (profundidade da abordagem e dificuldade das atividades) deverão ser repensadas, além, é claro, de serem buscadas as causas (nos estudantes, na instituição ou no programa de ensino) que resultaram no insucesso obtido na aprendizagem do conteúdo escolhido para esta aula.[3]

Depois de apresentada a aplicação do *ciclo do planejamento educacional* aos planos de aula, a seguir será trazida uma aplicação desta metodologia aos planos de ensino.

A sistematização pedagógica e temporal do espaço-tempo escolar: o ciclo do planejamento educacional e a elaboração de planos de ensino

Assim como a aula é a menor unidade no que se refere à organização da dimensão pedagógica do planejamento, os planos de ensino, por sua vez, compõem a sistematização espaçotemporal do currículo, dos programas de ensino e das sequências de conteúdos distribuídos pelas aulas. Dito de outro modo, o plano de ensino é a estrutura organizacional do planejamento educacional, quando este incide sobre as atividades docentes do educador na escola. Dessa maneira, assim como as aulas não são (ou, ao menos, não deveriam ser) meras exposições de conteúdos tomados ao acaso para ocupar o tempo que os estudantes passam na escola, os planos de ensino estão longe de ser meras prescrições e listagens de sequências de conteúdos disciplinares.

---

[3] Nos anexos on-line, há um modelo de ficha para a elaboração de um plano de aula.

Por meio de uma análise genérica e de caráter estrutural, percebe-se que os planos de ensino possuem como matéria (no sentido aristotélico) as aulas (ou demais unidades pedagógicas como atividades extracurriculares) e como forma (igualmente no sentido aristotélico) a descrição detalhada das aulas e das atividades de ensino que serão projetadas no espaço (da escola) e no tempo (mês, bimestre, semestre ou ano). Cabe ainda indicar que os planos de ensino poderão ser elaborados em perspectiva disciplinar (um para cada disciplina escolar) ou interdisciplinar (relativo a áreas de conhecimento comuns ou agrupados por projetos da escola que envolvam diversas disciplinas).

Do mesmo modo como foi aplicado o *ciclo do planejamento educacional* aos planos de aula, os planos de ensino serão também objeto dessa metodologia de construção do planejamento educacional. Para tanto, seguem abaixo as etapas concernentes a esse ciclo devidamente segmentadas:

a. Na etapa do **planejamento/elaboração do plano de ensino**, há de se considerar as seguintes questões: 1) o(s) plano(s) de ensino será(ão) interdisciplinar(es) ou disciplinar(es)? 2) a sequência dos conteúdos elencados nas disciplinas/áreas de conhecimento se mostra adequada aos estudantes da faixa etária, ano/série/ciclo a quem se pretende ensinar? 3) as aulas/atividades pedagógicas possuem adequado balanceamento em relação ao seu número e ao período de tempo disponível? 4) a bibliografia de suporte, os livros didáticos e materiais pedagógicos de apoio se mostram adequados ao plano de ensino a ser desenvolvido? Com base nas respostas a essas perguntas será possível dar sequência à construção do plano de ensino na etapa relativa ao projeto/modelagem do plano de ensino.

b. No que se refere à etapa do **projeto/modelagem do plano de ensino**, são pensadas as estratégias pedagógicas para a implementação do plano de ensino, sejam pedagógicas sejam administrativas. Nessa etapa, igualmente são formulados os parâmetros de avaliação do referido plano, bem como são definidos os prazos para início e encerramento das atividades (bimestrais, semestrais e anuais) e os procedimentos de avaliação envolvidos na aferição da eficiência da aprendizagem (e, nesse sentido, os planos de ensino possuem uma conexão direta com o rendimento da escola).

c. No que tange à etapa **do plano/concretização do plano de ensino** ocorre a aplicação de procedimentos e estratégias previstos nas etapas anteriores. Igualmente são registradas as aulas (agrupadas por unidades temáticas) tendo em vista sua distribuição previamente realizada. Além desses procedimentos, é pensada a conexão deste plano de ensino em duas coordenadas: 1) *horizontal*: na medida em que deve estar conectado às demais disciplinas e seus respectivos planos; 2) *vertical*: na medida em que deve estar conectados aos planos de ensino dos ciclos/séries/anos seguintes e anteriores. Ao fim da aplicação do plano de ensino, as estratégias avaliativas previstas na etapa relativa ao projeto devem permitir que seja aferida a aprendizagem desenvolvida ao fim do período de tempo de aplicação do mesmo, de modo que este possa, então, servir como base para o planejamento de novos planos de ensino concernentes aos próximos períodos de tempo, reiniciando assim o *ciclo do planejamento educacional*.[4]

Concluindo: notas introdutórias sobre a relação entre o planejamento educacional e a docência nas escolas

Há uma crença falsa, porém largamente disseminada no campo educacional (especialmente no Brasil), qual seja, de que os professores não necessitam de e/ou não realizam atividades de planejamento, pois "na prática, a teoria é outra". Não surpreende (não somente, mas sem dúvida em parte por isso) que esse seja um país cujos indicadores educacionais o deixam em posição de similaridade com os piores países do mundo.

Conforme foi visto neste capítulo, a docência nas escolas não pode prescindir do planejamento educacional e, por causa disso, até mesmo atividades

---

[4] Nos anexos on-line, há um exemplo de plano de aula disponível para consulta.

aparentemente mecânicas, como a construção de aulas, devem ser vistas como oportunidades de reflexão teórico-prática em uma perspectiva de construção paulatina, porém inexorável da práxis do educador, a qual possui o trabalho como princípio educativo e vem a ter no plano de aula e no plano de ensino os elementos mediadores entre a instância empírica (o cotidiano das salas de aula) e a instância teórica (as perspectivas de aprendizagem assumidas pelo professor e pela escola).

Assim, incorporando os elementos do planejamento educacional à sua práxis, o educador estará longe de se tornar mero reprodutor de conteúdos previamente elaborados e cujo trabalho estaria, portanto, alienado de suas condições de produção epistemológicas. No próximo capítulo serão examinados os documentos relativos ao trabalho do gestor educacional na escola: regimento escolar e Projeto Político-pedagógico, sempre na perspectiva analítica do *ciclo do planejamento educacional.*

CAPÍTULO 10 – Planejamento educacional e documentos para gestores: portfólio, Regimento Escolar e Projeto Político-Pedagógico passo a passo

> Os estudos acerca dos Projetos Político-pedagógicos inserem-se na contextualização da atual conjuntura das políticas educacionais que refletem as condições socioeconômicas e culturais do país. Sendo assim, pensar a construção dos Projetos Políticos-pedagógicos é refletir sobre a escola, seu papel, sua função, seus fins e seus desafios no contexto atual (BARBOSA, 2012, p. 228).

Da mesma maneira que no capítulo anterior foram discutidas as questões relativas à aplicação do planejamento educacional aos documentos escolares, será realizado neste capítulo um exame dos documentos escolares para gestores, tendo como base as necessidades de aplicação do planejamento educacional ao cotidiano da gestão escolar e das redes/sistemas de ensino. Para tanto, as partes que o compõem são as seguintes: função do Regimento Escolar e planejamento e estruturação de um Projeto Político-pedagógico (PPP).

A função do Regimento Escolar

O Regimento Escolar é um documento de suma importância, pois define as características identitárias de determinada escola e rede de ensino e serve como se fosse (entre outras coisas) um "código de posturas". Sua característica ordenadora pode ser geral (quando se trata de um modelo de regimento escolar utilizado por determinada rede de ensino) ou específica (quando se trata de uma escola privada).

Quanto aos elementos que o constituem, eles referem-se a uma descrição detalhada do regime jurídico da escola (pública ou privada, identificação da mantenedora e CNPJ), identificação dos elementos ligados à administração (horários, posturas de alunos, pais e funcionários, descrição das funções de cada profissional etc.). Além desses elementos, são registrados outros como carga horária, grade curricular e disciplinas por turno da escola.

A principal função de um Regimento Escolar é a "organização administrativa", que ocupa a função imprescindível de conectar a política educacional (e também a legislação) da rede de ensino às normas internas à escola. Realizando uma analogia: a escola é como se fosse uma orquestra, e o Regimento Escolar o seu regente. Na orquestra, temos diversos instrumentos que somente poderão funcionar de modo equilibrado com a ação do maestro e o seu comando delimitando tempos, horários e locais para cada músico poder executar cada instrumento. No entanto, somente isso não basta, há de ter uma música a ser tocada, do mesmo modo que não basta o Regimento Escolar para que a escola se configure como organização viva, plena de sentido e democrática.[1] Buscando atender a esse anseio por participação, democracia e qualidade na educação, soma-se ao Regimento Escolar mais um documento: o Projeto Político-pedagógico.

Planejamento e estruturação de um Projeto Político-pedagógico (PPP) com base em um ciclo do planejamento educacional

No que se refere ao PPP, deve ser indicado que ele vem a ser um documento basilar em todas as dimensões do planejamento educacional. Ao mesmo tempo que define e norteia as ações futuras a serem levadas a cabo pela equipe escolar, é o documento no qual são diagnosticados necessidades e anseios, dificuldades e possibilidades da escola. Igualmente cabe salientar que o PPP é ainda, do ponto de vista administrativo, o elemento por excelência da concretização do princípio da gestão democrática no âmbito escolar.

---

[1] Há exemplos de regimento escolar na seção dos anexos on-line deste livro.

As dimensões do PPP

O PPP divide-se em diversas dimensões, que são as formas como o mesmo se incorpora à dinâmica escolar e dão rumo a tal dinâmica. De modo sintético, cabe elencar três dimensões:

a. **dimensão pedagógica**: relacionada à atividade-fim da escola, **que não é outra se não o ensino-aprendizagem** dos alunos. Esta é a dimensão mais importante de um PPP e é para ela que todos os esforços de planejamento, administração e gestão da escola devem convergir. Nessa dimensão estão incluídas as atividades de planejamento educacional, planejamento de ensino, construção da proposta pedagógica, adequação do currículo e definição de objetivos de ensino (para cada ano, série e disciplinas). A dimensão pedagógica é ainda a que mostra para o gestor se a escola segue adequadamente os rumos traçados pela política educacional em nível geral, bem como pelos participantes do cotidiano escolar (incluindo a comunidade).

b. **dimensão infraestrutural (material)**: diz respeito às necessidades de estrutura física requeridas para as atividades desenvolvidas na escola. Inclui a relação entre o quantitativo de alunos e o número de salas, a dimensão das salas, o espaço destinado à administração da escola e ao desenvolvimento de atividades culturais e esportivas (curriculares e extracurriculares). A abrangência dessa dimensão se projeta ainda para os aspectos relativos ao consumo de materiais de escritório, materiais pedagógicos e mobiliário escolar. Essa dimensão se liga necessariamente aos aspectos financeiros do planejamento escolar, pois, com a autonomia escolar garantida pela LDB, a escola passa a possuir autonomia na gestão dos recursos financeiros, podendo inclusive captar recursos de fontes que não sejam estatais (no caso de escolas públicas).

c. **dimensão administrativa**: essa dimensão é relativa à organização das dimensões pedagógica e infraestrutural, assim como diz respeito à gerência e à liderança da escola (entendidas como simultâneas no que compete à gestão democrática). São peculiares a essa dimensão (no que se refere à gerência) as atividades de organização de horários, definição de turnos, alocação dos professores, distribuição de salas, construção de planos (financeiro, pedagógico e administrativo) e elaboração de documentos normativos da escola (circulares, memorandos, regulamentos, regimento escolar e PPP). Igualmente deve ser destacado que essa dimensão da gestão se associa necessariamente às atividades de mobilização política e pedagógica, tais como coordenação das reuniões, integração da escola com a comunidade, fomento aos processos de participação dos integrantes da escola. É nessa dimensão que o papel do gestor se faz presente, na medida em que deve, ao mesmo tempo, administrar o cotidiano escolar (e suas múltiplas demandas administrativas) e liderar a comunidade educacional da escola em direção às metas e aos objetivos delineados no PPP.

Ainda sobre essas dimensões, cabe indicar que todas se complementam e interpenetram, de modo que, na prática (ao contrário do esquema teórico presentemente usado), todas essas dimensões se relacionam e não podem ser gerenciadas de modo separado. Assim, não existe atividade administrativa que não envolva em algum sentido e em alguma medida elementos pedagógicos e de infraestrutura, unidos todos devido ao seu caráter orgânico e organizacional (como todo organismo, uma organização escolar somente subsiste em identidade se o seu conjunto for maior do que a mera soma de suas partes separadas).

Elementos do PPP, seu planejamento e sua execução

Um PPP precisa conter alguns elementos básicos,[2] os quais, ainda que possam obedecer a outra ordem organizacional e a outra nomenclatura, não possuem grandes variações devido ao fato de que constituem princípios modelares de qualquer PPP. Vamos então aos referidos elementos matriciais do PPP:

   a. **proposta pedagógica da escola**: objetivos de ensino e perspectiva teórica (incluindo autores de maior influência) que embasam as atividades de ensino.

---

[2] A esse respeito, não deixe de conferir o exemplo de PPP que segue nos anexos on-line do livro.

Igualmente deve ser identificada a distinção dos níveis de ensino (seriação, ciclos etc.). Na proposta pedagógica deve constar também uma breve descrição do entorno escolar, bem como da comunidade à qual a escola atende (sim, somos servidores do povo, e não o contrário), a fim de estruturar os objetivos de ensino e as metas de aprendizagem com base nesse conhecimento (lembremos que no *site* do Inep estão disponíveis por cidade os Indicadores Demográficos e Educacionais que podem auxiliar nessa tarefa).

b. **quadros administrativos**: organização de turnos, salas, alocação de professores, quantitativos de alunos, docentes e funcionários, estatísticas relativas aos índices de aprovação, retenção e evasão, registro financeiro da escola, listas de materiais, mobiliário e inventário escolar.

c. **mapa da gestão**: critérios de composição do conselho escolar, escala das reuniões, critérios de construção do PPP, mecanismos de acompanhamento financeiro, administrativo e pedagógico (contando com a participação da comunidade), designação das funções da equipe gestora/diretora (cargo e atribuições). É necessário indicar nessa dimensão a legislação de ensino pertinente à organização da escola, a qual deve estar à disposição de toda a comunidade da escola (a LDB em todos os casos, bem como os regulamentos municipais e estaduais, e os planos municipais de educação, quando for o caso).

Ao ser aplicado a esse documento o *ciclo do planejamento educacional*, há então de se considerar as seguintes etapas no que tange à sua construção:

1. Na etapa do **planejamento** do PPP são pensados os mecanismos de participação da comunidade escolar, escolhido o formato do documento, designadas as tarefas que caberão aos autores, escolhida a linha pedagógica que a escola seguirá, bem como quais as diretrizes mais importantes a serem alcançadas pela escola no período de tempo determinado.

2. No que diz respeito à etapa do **projeto do PPP**: de modo conjunto, a comunidade escolar deve decidir a respeito dos prazos e das metas colocados

para que sejam atingidas as prioridades elencadas na etapa anterior (e que necessariamente se ligam aos indicadores internos de qualidade da escola e à atividade-fim da escola, que é o ensino-aprendizagem). Igualmente nessa etapa são construídos e colocados em prática os mecanismos de acompanhamento e avaliação do PPP.

3. Em relação à etapa da consolidação do **plano**, este, quando aplicado ao PPP, necessariamente conterá o registro escrito do documento produzido coletivamente e tornado factível na etapa do **projeto**, bem como deverá conter um registro das atividades realizadas e analisadas em períodos regulares e definidos no projeto. Igualmente, deve prever o modo como serão tomadas as decisões referentes à análise dos resultados das ações elencadas no PPP ao final do período de tempo estabelecido. Desnecessário dizer que, ao final desse processo, se reinicia o *ciclo do planejamento educacional,* contemplando novas diretrizes, metas e procedimentos que integrarão o novo período no qual o PPP será remodelado e atualizado.

Considerações finais

Ao mesmo tempo que foram indicados alguns modelos (e modos de construção) de dois documentos fundamentais a qualquer escola (Regimento Escolar e Projeto Político-pedagógico), a preocupação principal deste capítulo foi a de contextualizar os referidos documentos no âmbito das escolas e das redes de ensino.

Apesar da enorme carência de literatura especializada a respeito do caráter prático e concreto envolvido na construção destes documentos, não se coloca, no entanto, a ideia de que essas estruturas se limitem ao seu âmbito documental. De todo modo, cabe o registro do fato de que o planejamento educacional aplicado a estes documentos é um item estruturante da gestão de escolas. Concluindo, deve ser destacado o fato de que a mediação entre a legislação educacional, as políticas públicas e os movimentos interiores à cultura escolar é realizada e tornada concreta com base nesses documentos, o que reforça a sua importância para o espaço escolar (nos níveis pedagógico, administrativo e concreto).

CAPÍTULO 11 – Redes de ensino e planejamento educacional: como utilizar dados e indicadores de larga escala (Ideb, Saeb, IDE, Prova Brasil, IDH e IDI) para planejar políticas educacionais

> As experiências iniciais de avaliações externas, até mesmo fora do Brasil, foram justificadas como necessárias para se poder monitorar o funcionamento de redes de ensino e fornecer aos seus gestores subsídios para a formulação de políticas educacionais com focos mais bem definidos em termos dos resultados que, por sua vez, decorreriam das aprendizagens dos alunos (ALAVARSE et al., 2013).

A dimensão **macro** do planejamento educacional, conforme visto, abrange uma série de indicadores, procedimentos e pressupostos que se referem à maior amostra possível dentro da realidade que se pretende investigar. Mesmo constituindo importante referência em termos de política educacional, há, no entanto, de se destacar que os indicadores de avaliações realizadas externamente em larga escala não podem ser tomados como únicos nem absolutos, porém desprezá-los é igualmente improdutivo do ponto de vista do planejamento educacional.

No presente capítulo é realizada uma análise dos fundamentos de alguns dos principais indicadores educacionais de larga escala aplicados no Brasil e no Exterior (Ideb, Prova Brasil, Saeb, Enem e Pisa), bem como são discutidas as possibilidades de sua utilização por parte dos gestores educacionais de escolas e redes de ensino no momento da realização de suas atividades de planejamento.

As avaliações educacionais de larga escala: fundamentos teóricos e metodológicos

As avaliações externas, embora variem amplamente em termos de abrangência, incluindo desde instrumentos de análise do rendimento escolar em nível municipal até instrumentos "planetários" de avaliação de sistemas de ensino nacionais, como o Programa Internacional de Avaliação de Estudantes (Pisa),[1] possuem alguns fundamentos comuns em nível teórico e metodológico, ou, dito em outras palavras, apresentam similaridades quanto à "matéria" e à "forma" (no sentido aristotélico desses termos). Antes de entrar na discussão referente à estrutura e ao funcionamento desses instrumentos, bem como de seus impactos sobre escolas, redes e sistemas de ensino brasileiros, cabe discutir um fundamento conceitual presente na maioria desses instrumentos de avaliação externa, o trinômio conhecimentos, habilidades e atitudes (CHA), que dá origem à noção de competências. A seguir será apresentada a "forma" correspondente à "matéria" no que se refere ao CHA e que obedece a uma organização em matrizes de competências e escalas de proficiência.

O trinômio CHA: a "matéria" das avaliações externas de larga escala

No que diz respeito a esse fundamento teórico/metodológico, cabe indicar que ele parte de uma teoria educacional em que os conhecimentos são concebidos como um misto entre memória, informação e operações mentais. Essas combinações, por sua vez, subdividem-se em níveis operatórios aglutinados por ordem de complexidade (ALMEIDA; PERES, 2012).

O primeiro elemento dessa ordem estaria sob a denominação genérica de atitudes e corresponderia ao mínimo sinal de modificação de comportamento perceptível sob a forma de uma atitude diferente. Dito de outra maneira, trata-se de

---

[1] O Pisa foi aplicado pela primeira vez em 2000 e abrangia 32 países. Nesta edição o Brasil foi classificado em 32º com um teste que envolvia competências e habilidades ligadas à leitura e à escrita na língua materna. A cada edição trienal o foco do teste se modifica, incidindo alternadamente em leitura/escrita, matemática e ciências. Esse programa, promovido pela Organização para a Cooperação e Desenvolvimento Econômico (OCDE), visa medir a eficiência dos sistemas de ensino ao que se refere ao desenvolvimento de competências.

uma ação reflexa produzida mediante um comportamento inculcado geralmente por imitação. Esse comportamento, ao assumir contornos voluntários, passa então a ser denominado atitude, e teria a capacidade de se aglutinar em outros comportamentos, originando estruturas mentais (e comportamentais) observáveis externamente. Um exemplo de atitude estaria representado na seguinte situação: após observar diversas vezes uma recitação poética, determinado aluno consegue memorizar e repetir alguns versos.

As habilidades são o segundo nível de complexidade no âmbito dessa teoria de conhecimento e são compostas justamente da aglutinação de diversas atitudes transformadas em comportamento (pedagogicamente) ordenado. Retomando o exemplo anterior, o desenvolvimento de uma habilidade corresponderia a uma situação na qual, após realizar exercícios de leitura e assistir a recitações, determinado estudante consegue memorizar e recitar a poesia que fora objeto dos seus estudos.

No último estágio, o da aquisição de conhecimentos, o que está em discussão é a combinação de diferentes habilidades, as quais, ao se recombinarem, permitem que ocorra um "salto qualitativo", na medida em que o(s) indivíduo(s) em questão passa(m) a compreender de modo integral o conhecimento ensinado. Ao retomar o exemplo elencado, percebe-se que o desenvolvimento de conhecimentos assumiria a forma de uma experiência na qual, depois de determinado estudo, o aluno se torna capaz de memorizar, recitar e compor uma poesia, compreendendo as estruturas e os fundamentos desse gênero textual.

De modo análogo (muito embora com nome diverso), esse fundamento conceitual possui correspondências. Frequentemente, o CHA é visto com as seguintes similaridades: atitudes equivalem a descritores e conhecimento equivale a competências. Conforme foi possível perceber, trata-se de uma teoria na qual o conhecimento/a competência é visto(a) como uma junção entre a informação e uma habilidade operatória socialmente adquirida. Isto (malgrado possa sofrer diversas críticas) representou uma enorme mudança de paradigma em matéria de educação, especialmente a partir dos anos 1980, pois essa perspectiva veio a substituir a abordagem escolar que conceituava o conhecimento como sinônimo de informação e cuja principal operação mental realizada nas escolas consistia em memorizar fórmulas, listas e outros conteúdos cujo uso nem sempre se verificava útil fora da realidade escolar.

Há de ser considerado, no entanto, que os fundamentos pedagógicos, e de certo modo psicossociais, presentes na perspectiva do trinômio CHA encontram certa assincronia em relação ao aspecto curricular quando são considerados a realidade das escolas públicas e o tipo de ensino nelas praticado, e que se orientam com uma expectativa voltada para a perspectiva assentada em disciplinas e conteúdos mnemônicos, e não em competências, muito embora boa parte dos documentos voltados para a dimensão pedagógica de escolas e redes/sistemas de ensino se baseie em Parâmetros Curriculares Nacionais (PCN) e Diretrizes Curriculares Nacionais (DCN)[2] cujo fio condutor em termos teóricos é justamente a perspectiva de ensino por competências.

Descritores, matrizes de competência e escalas de proficiência: a "forma" das avaliações externas de larga escala

Se a "matéria" diz respeito ao trinômio CHA, cujo equivalente (e que possui nomenclatura mais comumente difundida) é a teoria pedagógica que identifica como elementos constitutivos do conhecimento descritores, habilidades e competências,[3] a "forma", por sua vez, divide-se em blocos de descritores, escalas de proficiência e matrizes de competências. Essa "forma" se relaciona diretamente com a teoria pedagógica das competências, na medida em que cada um dos elementos elencados se desenha de modo que mensure a expressão observável de descritores, habilidades e competências.

---

[2] Os Parâmetros Curriculares Nacionais (PCN) foram criados em 1997 e serviram (como servem) desde então como referência para a estruturação de currículos e programas de ensino no nível da educação básica nas redes públicas do país. Sua estrutura divide-se em temas transversais como: ética, meio ambiente, orientação sexual. Já as Diretrizes Curriculares Nacionais (DCN) possuem poder determinante quanto aos procedimentos e às normas a serem adotados em matéria de currículo. Estão presentes na educação básica e superior. Para mais detalhes, favor consultar o *Guia prático da política educacional no Brasil* (SANTOS, 2014).

[3] A denominada "Pedagogia das competências" diz respeito à perspectiva teórica que enfatiza o papel destas como elementos (re)construtores de escolas e sistemas de ensino. A menção às competências remonta a Jacques Delors em seu célebre texto *Os quatro pilares da educação* (2000), em que identifica quatro competências fundamentais para a educação mundial no terceiro milênio: a) saber conhecer; b) saber conviver; c) saber fazer; d) saber ser. Esta perspectiva embasou diversos Planos e Programas da política educacional em nível nacional e internacional (como os PCN e o Pisa) e ficou popularmente conhecida como pedagogia das competências, tendo forte impacto no Brasil.

Em relação aos blocos de descritores, cabe indicar que se agrupam com base em características comuns/similares do ponto de vista epistemológico. Por exemplo, considerando a construção de matrizes de competência de língua portuguesa, um bloco de descritores seria o de "interpretação do sentido literal de um texto" e nestes, sob determinado código, estariam descritores como: D1 – encontrar informações explícitas em um texto; D2 – relacionar uma figura com o sentido literal de um texto. Ainda a esse respeito, cabe indicar que as matrizes de competências são constituídas de vários blocos de descritores agrupados de acordo com a competência/conhecimento mais amplos que são por eles codificados. Por exemplo, a matriz de competências de língua portuguesa agruparia diversos blocos de descritores como leitura e interpretação literal de textos e compreensão de diversos suportes e gêneros textuais. Um exemplo disso seria o seguinte codificador: MLP (matriz de competência de Língua Portuguesa: B1 (bloco 1 – leitura e interpretação literal de textos); B1D1 (bloco 1 – leitura e interpretação de textos; descritor 1: localizar informações explícitas em um texto).[4]

Ainda sobre a construção desses instrumentos de avaliação externa de larga escala, há ainda de se considerar a "modulagem" dos descritores para os mais diversos níveis de aprendizagem. Para que isto seja possível, é necessário, em termos pedagógicos, que se assuma o fato de que o conhecimento se constrói e que ocorre um desenvolvimento do indivíduo no que tange a sua capacidade cognitiva, bem como de que existem estágios e níveis de proficiência relativos a cada um destes. Partindo dessas premissas, são então construídas escalas que mensuram essa proficiência e isto é feito da seguinte maneira: a) são atribuídos pontos a cada um dos descritores/atitudes e é estabelecido um *score* mínimo a ser atingido por estudantes em determinada idade e com certo número de anos na escola; b) são elaborados testes com base na proficiência esperada para os estudantes em determinada idade e com determinado número de anos na escola e aplicados aos mesmos estudantes; c) com base no resultado desses testes (que compõem os indicadores de Saeb, Prova Brasil, Ideb, avaliações locais dos sistemas

---

[4] No *site* do MEC, há um detalhamento preciso das matrizes de competências e escalas de proficiência utilizadas nos exames de avaliação nacional (Ideb, Saeb e Prova Brasil). A esse respeito, consultar: <http://portal.inep.gov.br/web/saeb/aneb-e-anresc>.

de ensino e do Pisa)⁵ são aplicados os testes aos referidos estudantes e comparados seus resultados ao *score* que seria esperado de estudantes nas condições já mencionadas. Com isso, temos uma avaliação que se baseia na comparação entre um padrão previamente estabelecido (por especialistas em avaliação, governos e agências internacionais como a OCDE).

Essa longa descrição de metodologias e instrumentos mostrou-se necessária para que pudesse ser compreendida a lógica teórico-conceitual presente no âmbito da avaliação externa, modulada, conforme dito anteriormente, para os mais diversos níveis de abrangência (da esfera local até a esfera planetária) e, sem dúvida alguma, com forte impacto sobre o planejamento educacional no Brasil (que é objeto privilegiado deste livro). Esse arcabouço teórico-conceitual se converte então em exames aplicados a estudantes, turmas, instituições educacionais e redes/sistemas de ensino como: Ideb, Prova Brasil, Saeb, Enem e Pisa. A seguir será examinado o impacto desses instrumentos e discutido o modo como gestores educacionais podem incorporá-los em sua atividade de planejamento educacional.

Os dados educacionais de larga escala: possíveis usos para o planejamento educacional

De acordo com a perspectiva teórica e metodológica na qual se baseia esta obra, os dados "não falam por si", ou seja, não basta que seja apresentada uma descrição da realidade (por mais que esta possa ser precisa), mas, antes, é necessário que essa descrição contenha a interpretação correspondente. E essa interpretação somente pode ser realizada a contento se levar em consideração o contexto em que aqueles dados descritos foram produzidos. Em se tratando de Educação, isto não pode ser diferente.

Diante do exposto, torna-se claro que os dados educacionais expressos nas referidas avaliações externas não representam realidades em si, mas sim aquela

---

⁵ Igualmente, sobre esses instrumentos convertidos em exames, consultar o *site* do MEC: <www.mec.gov.br>.

resultante da aplicação de determinadas metodologias investigativas à realidade educacional. Dito isso, há de se considerar duas ordens de fatores alusivos a esses mesmos dados: a) o contexto demográfico, econômico e educacional referente à localidade da rede de ensino;[6] e que, de maneira "externa", afeta a população a que esses dados se referem; b) da mesma maneira, há condições específicas e vinculadas às singularidades locais como: distorção idade-série, índice de analfabetismo e taxa de evasão escolar, que impactarão "internamente" as realidades educacionais. Assim, com base nessas considerações iniciais, há de seguir em direção à análise desses fatores no que compete à sua influência nas realidades escolares e, consequentemente, nos *scores* apontados pelas avaliações externas.

Os Indicadores Demográficos e Educacionais (IDE) e sua influência no rendimento escolar (e nos indicadores de avaliação externa)

Em uma perspectiva de multidimensionalidade, o fenômeno educativo não pode ser pensado como uma realidade em si mesma. Conforme tem sido amplamente defendido neste livro, há uma correlação e influência recíproca de diversos fatores que, ao mesmo tempo que dão causa a esse fenômeno, são por estes influenciados. Seria impossível listar e identificar cada uma dessas correspondências, sem contar que a tarefa hercúlea extrapolaria em muito os objetivos deste livro, porém mesmo assim se faz necessário identificar e analisar (ao menos em parte) os fatores de contexto demográfico e educacional que influenciam a dinâmica das redes de ensino, que, em maior ou menor medida, influenciam as três dimensões principais do planejamento educacional: administrativa, infraestrutural e pedagógica. Cabe ainda lembrar que esses fatores são elementos integrantes dos já mencionados IDE.

O primeiro dos IDE que se incluem na abordagem desenvolvida neste livro diz respeito ao Produto Interno Bruto (PIB) do ente federado a ser analisado (estado ou município). Como se trata de um fator de ordem econômica, este impacta as condições de infraestrutura das redes de ensino local. É claro que não

---

[6] Os dados relativos a esses indicadores são sistematizados e organizados em tabelas e quadros a eles referentes, distribuídos, por sua vez, em circunscrição geográfica (município e estado). Esses dados podem ser acessados no seguinte endereço eletrônico: <ide.mec.gov.br>.

se trata de estabelecer um determinismo econômico em relação às instituições educativas e/ou redes de ensino que serão objeto do planejamento educacional, mas sim levar em consideração que um PIB menor significa menor possibilidade de investimentos financeiros em valores absolutos, o que, sem dúvida nenhuma, afetará principalmente as condições de infraestrutura dessas redes/sistemas de ensino, bem como os serviços relacionados a essas redes, mas que não se circunscrevem à educação (como segurança pública, transporte e saneamento). Igualmente, a comparação entre o PIB de municípios ou estados vizinhos contribui para que sejam percebidas possíveis desigualdades econômicas e sociais dentro do contexto abrangido. Como elemento derivado do PIB, há de se considerar a renda *per capita*, pois, com base na estimativa de renda média e na comparação entre essa renda e as condições concretas de vida da população (por exemplo, ao comparar com o número de escolas e hospitais, bem como seus padrões de funcionamento), é possível traçar um perfil social e econômico da população, ainda que seja genérico.

Além do PIB, outro elemento que merece ser examinado no âmbito dos contextos locais das redes/sistemas de ensino é o Índice de Desenvolvimento Humano (IDH).[7] Esse indicador contém três dimensões que dizem respeito às condições de vida das populações, quais sejam: renda, educação e saúde. Um IDH mais alto (lembrando sempre que o trabalho com indicadores é aquele cuja base é a comparação) significa em tese maior acesso da população a condições básicas de subsistência e a serviços públicos essenciais, o que indica que as pessoas atendidas pela rede/sistema de ensino em questão (ainda que indiretamente) possuem acesso à educação pública em níveis mais aceitáveis.

De modo correlato, dados como taxa de analfabetismo acima dos 15 anos e taxa de analfabetismo até os 15 anos (medidas em porcentagem da população) são importantes elementos de entendimento do quanto o direito à educação tem sido difundido na rede/sistema de ensino analisado(a), pois a alfabetização é o primeiro passo no que diz respeito à educação das populações, constando textualmente na CF/88, na LDB e no PNE.

---

[7] O IDH consiste em um indicador multifatorial construído pela ONU que permite avaliar não somente quanto determinada localidade (cidade, estado ou país) se desenvolveu economicamente, mas também o quanto esse avanço se reflete em índices de escolaridade, acesso a serviços públicos e distribuição de renda, entre outros indicadores. Mais informações podem ser obtidas no *site*: <http://www.pnud.org.br/IDH/DH.aspx>.

Outros dados que estão sob o escopo dos IDE sistematizados e divulgados pelo MEC poderiam ser elencados como: distorção idade/ano de escolaridade, números de escolas rurais, número de professores da rede municipal, entre outros, porém a lógica é: utilizar os dados contextuais como elemento de comparação com a realidade educacional (seja a de uma rede/sistema de ensino, seja a de uma instituição educacional) e assim poder planejar e projetar ações e planos educacionais que levem em consideração as condições objetivas e concretas das realidades expressas nos IDE.

É claro que, assim como não se podem tomar como verdades absolutas os *scores* expressos em avaliações externas (como a do Ideb, por exemplo), não é possível admitir que há um determinismo de contexto sobre a singularidade inerente a certa realidade educacional em nível de escola ou rede/sistema de ensino. Isto posto, como é preciso considerar essas duas ordens de elementos externos (dados educacionais oriundos de avaliação externa e IDE) no momento do planejamento concernente a escolas e redes/sistemas de ensino, não há de se pensar em um método único para a realização dessa tarefa. Igualmente cabe trazer à baila novamente o fato de que, por definição, indicadores não são a própria qualidade, mas sim elementos de referência que mostram "pistas" para que se possa atingir o sucesso almejado. A seguir será apresentada uma (entre muitas possíveis) possibilidade de uso profícuo desses indicadores.

Usos dos indicadores (IDE e dados de instrumentos externos de avaliação) pelo gestor educacional: planejamento educacional com base na realidade educacional de escolas e redes de ensino

Assim como a teoria sem a prática é estéril, a prática sem a teoria é cega. É com base nesse princípio que será apresentado nesta seção um esquema para a elaboração de planos educacionais para escolas e redes/sistemas de ensino, utilizando os IDE e os *scores* dos instrumentos de avaliação externa, além dos já examinados indicadores de qualidade internos às escolas (que foram objeto de boa parte do Capítulo 8). O referido esquema baseia-se tanto no ciclo do planejamento educacional quanto nos princípios e nas finalidades da educação nacional, que compõem o Título II da LDB (BRASIL, 1996).

No que tange às instituições educacionais, durante a elaboração de seu planejamento, há de se atender de modo prioritário aos seguintes princípios: a) gestão democrática e participação social (tal como visto no Capítulo 10); b) garantia de padrão de qualidade.[8] O segundo princípio é vital no que alude à construção do planejamento educacional em escolas. Aplicando o ciclo do planejamento educacional, os seguintes passos se apresentam:

1. Na primeira etapa (planejamento) são analisados e discutidos os IDE e os resultados do Ideb da rede de ensino e da escola em questão (seja municipal ou estadual) e eles se desdobram então em uma análise dos *scores*. Essa análise deve procurar correlacionar os pontos fracos no que se refere a: infraestrutura, gestão/administração e aprendizagem e os resultados obtidos pela escola (comparando os IDE e os *scores* do Ideb e da Prova Brasil da escola e da rede de ensino).

2. Na segunda etapa (projeto/modelagem de projeto) são utilizados como base para a composição de metas e estratégias os componentes do projeto, os indicadores de qualidade internos à escola (para a projeção das metas) e o estabelecimento de prazos condizentes com os relativos às sucessivas avaliações de indicadores educacionais (Prova Brasil e Ideb, por exemplo, utilizam testes aplicados a cada dois anos). Assim, as estratégias devem ser modeladas utilizando-se a seguinte ordem de prioridades: a) estratégias pedagógicas diferenciadas com vistas a reforçar os pontos frágeis detectados na aplicação dos indicadores internos de qualidade e na análise dos IDE e dos dados de avaliação externa; b) estratégias adminis-

---

[8] O artigo 3º da LDB indica quais são estes princípios e possui a seguinte redação:

"O ensino será ministrado com base nos seguintes princípios: I – igualdade de condições para o acesso e permanência na escola; II – liberdade de aprender, ensinar, pesquisar e divulgar a cultura, o pensamento, a arte e o saber; III – pluralismo de ideias e de concepções pedagógicas; IV – respeito à liberdade e apreço à tolerância; V – coexistência de instituições públicas e privadas de ensino; VI – gratuidade do ensino público em estabelecimentos oficiais; VII – valorização do profissional da educação escolar; VIII – gestão democrática do ensino público, na forma desta Lei e da legislação dos sistemas de ensino; IX – garantia de padrão de qualidade; X – valorização da experiência extraescolar; XI – vinculação entre a educação escolar, o trabalho e as práticas sociais; XII – consideração com a diversidade étnico-racial. (Incluído pela Lei nº 12.796, de 2013)."

trativas com vistas a melhorar a comunicação entre alunos, funcionários, professores e o *staff* da gestão escolar (algumas destas foram detalhadas no Capítulo 7); c) estratégias de compartilhamento de decisões no que diz respeito à aplicação dos recursos orçamentários, o que seria feito com o intuito de (principalmente) aprimorar as condições de manutenção e desenvolvimento dos indicadores de aprendizagem.

3. A terceira etapa (**plano**) inclui os seguintes procedimentos: a) registro dos objetivos, metas e estratégias construídos na/pela escola em um documento referente ao projeto; b) delimitação dos mecanismos de acompanhamento e avaliação das metas atingidas, sempre orientando essa avaliação pelas referências em termos de prioridade (utilizadas para ordenar as estratégias) identificadas na etapa anterior; c) identificação da periodicidade da avaliação de resultados (que, conforme foi exposto, será coincidente com os prazos das avaliações externas) e dos períodos de (re)construção do plano, o que significa o reinício do ciclo de planejamento em função (também) das mudanças no contexto aferido pelos IDE e pelas avaliações escolares externas.[9]

O ciclo do planejamento educacional, quando aplicado a redes/sistemas de ensino, ainda que guarde algumas similaridades em relação à sua operacionalização nas instituições educacionais públicas possui especificidades concernentes ao nível de abrangência que lhe é próprio. Assim, as etapas alusivas a esse ciclo são as seguintes:

1. Na primeira etapa (**planejamento**), há de se efetuar preliminarmente as seguintes ações: a) o gestor da rede de ensino (geralmente, o secretário de Educação) deve reunir os diretores escolares para debater os resultados das avaliações externas das escolas e da respectiva rede de ensino;

---

[9] A esse respeito, cabe recordar que, em 2007, no âmbito do Plano de Desenvolvimento da Educação (PDE), os mais de 5 mil municípios brasileiros assinaram um termo de compromisso com o Governo Federal no qual o Ideb não poderia retroagir, mas, sim, avançar progressivamente em direção ao *score* de 6,0 pontos no ano de 2020. Isso, sem dúvida, por derivação afeta os indicadores de aprendizagem das redes de ensino.

b) igualmente deve discutir os indicadores do IDE com outros setores da administração pública municipal (especialmente Saúde, Finanças e Assistência/desenvolvimento social) para compreender como os recursos intersetoriais podem aportar os projetos desenvolvidos no âmbito da Secretaria de Educação com o objetivo de promover melhorias na qualidade do ensino.

2. Na etapa referente ao **projeto/modelagem de projeto**, cabe ao gestor educacional da rede/sistema de ensino organizar (e, nesse sentido, uma boa sugestão seria a promoção de eventos, como jornadas pedagógicas) espaços de definição de objetivos, metas e estratégias a serem desenvolvidos pelas escolas (em nível individual) e pela rede de ensino como um todo. Essas ações devem prever não somente mecanismos periódicos de avaliação do cumprimento das metas (por exemplo, a construção de testes padronizados com base nos indicadores do próprio sistema de ensino), mas também os prazos e os padrões (em termos de *score* e também de outros indicadores observáveis) que atestem a evolução da qualidade do sistema de ensino como um todo (e, nesse sentido, o rendimento escolar torna-se um indicador absolutamente fundamental). A esse respeito, devemos lembrar que, de acordo com a LDB (BRASIL, 1996), cabe aos municípios e estados a manutenção dos seus sistemas de ensino (especialmente nos artigos 10 e 11) e que dessa manutenção deve seguir a garantia de padrão de qualidade mensurado pelo Ideb. Por último, mas nem por isso menos importante, é necessário lembrar que a prioridade no estabelecimento dos projetos deve ser dada à escolaridade obrigatória abrangida pelos entes federados, assim: a) municípios devem priorizar projetos que venham a abranger necessariamente a educação infantil e/ou o ensino fundamental; b) estados devem priorizar projetos cujo foco seja o ensino fundamental e/ou ensino médio.[10]

---

[10] Isto se encontra tanto no artigo 208 da CF (BRASIL, 1988) quanto no Título IV da LDB: Da Organização da Educação no Brasil (Idem, 1996), os quais atribuem as competências cabíveis a cada um dos entes federados no que se refere à educação.

3. Em relação à terceira etapa, a **construção/execução do plano**, há na legislação pertinente a redes/sistemas de ensino brasileiro dois elementos indutores do planejamento educacional e que devem ser explorados à exaustão pelos gestores educacionais no que compete à composição do plano e à avaliação do alcance das metas desenhadas no projeto: a) o plano municipal/estadual de educação que culmina com a Conferência Municipal de Educação; b) o Plano de Ações Articuladas (PAR). No que diz respeito ao primeiro dos elementos indutores do planejamento educacional elencados, há de se destacar as etapas da elaboração dos Planos Municipais de Educação (PMEs) e dos Planos Estaduais de Educação (PEEs), a qual está prevista no Plano Nacional de Educação (PNE). Por via de regra, os PMEs decorrem de Conferências Municipais de Educação, que, por seu turno, possuem diversas etapas nas quais os dirigentes municipais de Educação mobilizam as comunidades escolares em torno de metas e indicadores educacionais que esperam atingir. Tendo em vista o esforço desenvolvido na etapa de modelagem do projeto, a culminância desse esforço é (ou ao menos deveria ser) registrado sob a forma de um PME composto de metas e mecanismos de avaliação periódica. Cabe salientar que, de maneira análoga, isso se aplica aos PEE.[11] Assim, cabe alinhar o(s) projeto(s) desenvolvido(s) na rede/sistema de ensino às discussões e aos trabalhos desenvolvidos na elaboração do PME/PEE. Igualmente, é preciso alinhar todo o esforço intersetorial iniciado na etapa do plano com o diagnóstico realizado pelas escolas na modelagem do(s) projeto(s) com os IDE e com os objetivos do PME/PEE no âmbito da construção do PAR. Por último, mas nem por isso menos importante, cabe ao gestor responsável pela rede/sistema de ensino a consciência de que esse esforço visa atingir resultados de longo prazo e que se projetam para além dos mandatos governamentais, o que significa igualmente que se trata de ação que não pode subordinar as necessidades de melhoria

---

[11] Existe um princípio que orienta o Direito Público brasileiro chamado simetria cogente, e que diz respeito ao modo como uma determinada norma (e nesse caso nos referimos a uma norma administrativa ligada à Organização da Educação no Brasil) encontra ressonância de modo que se reflita em padrões estruturais similares no tocante aos entes federados (OLIVEIRA, 2010).

da qualidade de ensino aos interesses partidários da política local, mas, antes, deve buscar se conectar à política educacional nacional, pois cabe à União a tarefa de fomento e coordenação desta em nível nacional.

Considerações finais

Após essa discussão, foram delineadas algumas linhas de ação no âmbito do planejamento educacional nos níveis **meso** e **macro**. Muito mais do que apresentar soluções prontas, o objetivo deste capítulo foi o de apontar caminhos para o desenho delas, em que pese a necessidade de compreensão das relações das instituições, redes de ensino e do contexto apontado pelos IDE e pelos indicadores oriundos de dados de avaliações externas (como os do Ideb e da Prova Brasil).

Ao seguir essa linha de raciocínio, alguns questionamentos poderiam surgir, como: por qual razão o Plano Plurianual (PPA) não foi devidamente abordado? A resposta a esta e a outras perguntas diz respeito ao fato de que se trata de matéria com foco o mais direto possível na educação, o que significa dizer que, por mais que se admita a perspectiva de multidimensionalidade e interdisciplinaridade do planejamento educacional, longe do objetivo deste livro está a ideia de constituir uma teoria totalizante em termos de planejamento educacional. Ao contrário, é a partir das lacunas que não foram preenchidas que há a esperança de que também nesta área o conhecimento progrida pela ação sistemática de retomada das questões propostas.

À guisa de conclusão: planejador ou profeta?

> Com os progressos atuais e previsíveis da ciência e da tecnologia, além da exigência crescente do cognitivo e do imaterial na produção de bens e serviços, convém reconsiderar o lugar do trabalho e de seus diferentes status na sociedade de amanhã. Para criar essa sociedade, a imaginação humana deve adiantar-se aos avanços tecnológicos, se quisermos evitar o aumento do desemprego e a exclusão social ou, ainda, as desigualdades em relação ao desenvolvimento (DELORS, 2010).

Não sou favorável à ideia de um eterno e inexorável ciclo no qual as ideias voltam sistematicamente ao ponto em que foram originadas, mas devo reconhecer que este livro encontra sua conclusão em um ponto muito próximo daquele em que se iniciou. Esse ponto nada mais é do que o que incide na relação entre o Planejamento (em sentido maiúsculo, como estrutura ordenadora da atividade humana em sociedade) e o eixo espaço-tempo.

Guardadas as devidas proporções, há quem associe o Planejamento a uma atividade profética. Assim, é muito comum observar pessoas (não somente entre os leigos, mas entre grandes especialistas dessa área de conhecimento) que esperam do sujeito que se dedica ao Planejamento respostas precisas, quiçá oniscientes. À maneira do que acontece com os adivinhos, muitos esperam que seja dado um prognóstico impecável, preciso e inexorável, tal como se acreditava que os oráculos e profetas da Antiguidade o faziam. Há, no entanto, em relação ao Planejamento, um dado importante: não se trata de uma atividade mística como a profecia, mas de uma atividade científica (sem nenhum juízo de valor acerca dessas duas grandes dimensões humanas), o que significa dizer que, enquanto atividade científica (multidimensional e multidisciplinar, como foi visto), o Planejamento está submetido do ponto de vista dos resultados à probabilidade, e não à determinação, como acontece com um vaticínio ou profecia. Justamente por isso não há precisão absoluta (o que pode ser decepcionante para alguns) nas atividades de Planejamento desenvolvidas em qualquer área. Em matéria de Planejamento educacional, isso não é diferente.

Ocorre, porém, que certo entusiasmo por ver realizados os prognósticos, por ver concretizadas as metas esposadas ou por verificar que os planos se concretizaram (quase) exatamente como foram desenvolvidos leva muitos sujeitos a extrapolarem o papel do Planejamento educacional e a não considerarem que, em se tratando do ser humano e da sociedade por ele habitada, não há fator que se relacione ao homem e à sociedade que seja direta e mecanicamente determinado. Desse modo, ao contrário de várias correntes dentro da área do Planejamento (como a que se baseia nos estudos da Análise de Sistemas para construir fluxogramas de planejamentos), há de ser reafirmado que não se pode comparar um fenômeno humano (como a aprendizagem) a um algoritmo de computador (por exemplo). Isto posto, cabe então problematizar o modo como são construídos por vezes muitos planos na esfera **macro**, tanto em nível nacional como em nível mundial. Um exemplo claro dessa forma de enunciar os planos está na epígrafe deste capítulo.

Jacques Delors, na sua obra *A educação:* um tesouro a descobrir (2010), analisa com o auxílio de diversos especialistas em várias áreas de conhecimento (por iniciativa da ONU) o panorama da educação no milênio, abordando diversos segmentos como: ensino fundamental, educação especial, educação profissional e educação multicultural.[1] Essa análise, no entanto, reveste-se em grande parte de um caráter profético, contrariando os objetivos propostos no próprio livro, no sentido de ser elaborada uma obra calcada na ciência e cujos elementos de planejamento assumem caráter projetivo e prospectivo. Há uma diferença grande entre o prometido e o realizado nesse caso, e essa diferença se faz perceber por meio da argumentação empregada para encaminhar os resultados do trabalho realizado. Ao lembrar do que foi dito no primeiro capítulo a respeito da relação

---

[1] Não há como deixar de estabelecer um paralelo entre o que Delors e "a Comissão" anunciam no livro *A educação:* um tesouro a descobrir e o acordo ocorrido na Conferência Mundial de Educação para Todos, promovida pela ONU em Jomtien, Tailândia, em 1990 (ONU, 1990). Nessa conferência, mais de 150 países estabelecem metas e objetivos que deveriam ser atingidos para o milênio que se iniciaria no ano 2000. Diversos desses objetivos são retomados no livro citado, porém sob a forma de "vaticínios".

entre o Planejamento e o eixo espaço-tempo, temos no primeiro um esforço para controlar o futuro que é indeterminado, impreciso, probabilístico. Partir do princípio de que esse futuro se encontra determinado e que cabe então ao planejador "revelar a verdade" acaba sendo muito mais do que uma atitude "messiânica"; é justamente a tentativa de levar o controle dos processos de planejamento, administração e execução (e, nesse caso, falamos de objetivos educacionais) para além da esfera da ciência, que, como dizia Gaston Bachelard (2004), aproxima-se de uma realidade sempre de modo proximal, porém sem nunca esgotar totalmente a possibilidade de conhecimento do objeto a que se destina o seu estudo.

É graças a tudo isso que cabe, ao concluir este livro, estabelecer uma importante diferença entre o Planejamento educacional tomado em sua integralidade, multidimensionalidade e interdisciplinaridade, mas sem a pretensão de se apresentar como uma revelação última da verdade universal, e a perspectiva que entende que o Planejamento revela verdades ou traz esquemas e fórmulas que são não somente insuperáveis, mas infalíveis. Ao ser confrontado com as duas vertentes, conforme foi possível perceber no livro que encontra nesta seção o seu epílogo, claramente houve a opção pela primeira das possibilidades. Assim, na primeira parte, com os quatro capítulos iniciais, a preocupação foi a de fixar bases teóricas, metodológicas e epistemológicas para uma análise das condições em que o Planejamento educacional poderia se desenvolver. Já os quatro capítulos integrantes da segunda parte se destinaram à aplicação e à análise do Planejamento educacional em diversos contextos, discutindo desde a relação entre as políticas públicas e o Planejamento educacional até a difícil (porém profundamente necessária) discussão acerca da relação entre qualidade educacional e Planejamento educacional. Na terceira e última parte, além da conclusão em que reafirmo a posição adotada em relação às possibilidades e aos limites do Planejamento educacional, foi buscada uma interface com a prática, trazendo à discussão elementos modelares aos processos de Planejamento e à criação e aplicação de planos e modelos de documentos escolares. Todos esses assuntos apontam para uma concepção de Planejamento educacional que visa não se confundir nem com modelos pretensamente universais nem tampouco com um tipo de ênfase na prática que desprezaria e dispensaria qualquer recurso teórico oriundo da pesquisa ou da literatura especializada.

Mesmo correndo o risco de me tornar demasiado repetitivo, diria que as discussões trazidas por este livro não visam encerrar nenhum dos temas problematizados nesta obra, mas, antes, pretendem apresentar uma visão diversa em relação a boa parte das perspectivas teóricas anunciadas no âmbito dessa área de conhecimento, pois considera o Planejamento educacional a partir de um viés de causalidade múltipla, interdisciplinaridade e multidimensionalidade quanto à aplicação, sem circunscrevê-lo ao escopo da planificação educacional em larga escala (como fora feito durante o regime militar de 1964 no Brasil) nem tampouco tratá-lo como uma atividade resultante de um "eterno recomeço" relativo às especificidades locais tomadas como elementos heurísticos *per se*. Claro está que nem todas as questões referentes ao Planejamento educacional estão esgotadas, porém há nesta obra conteúdos e debates que permitiram o cumprimento de muito daquilo que se enuncia ao longo do ambicioso título: "o que os educadores precisam saber".

Obviamente não foi possível (e nem acredito que algum livro consiga) realizar um apanhado de todas as questões referentes ao Planejamento educacional, mas como a honestidade intelectual é, entre outras coisas, a renúncia à tentação de agir como se a teoria enunciada fosse onipotente, cabe admitir que os temas tratados neste livro, ao longo dos 11 capítulos anteriores, resultam de uma escolha dentre muitas possíveis, o que não significa que em outras obras os temas não tratados ou detalhados com profundidade não o possam ser (por mim ou por outros autores). Enfim, é justamente por aprimoramentos e acréscimos sucessivos que acredito que o conhecimento se constrói e, nesse sentido, creio que este livro traz uma contribuição para esse avanço. O tempo dirá o quão potente é essa contribuição.

Lista de siglas

CBPE – Centro Brasileiro de Pesquisas Educacionais
CEN – Centro Educacional de Niterói
CF/88 – Constituição Federal de 1988
CHA – conhecimentos, habilidades e atitudes
CRPE – Centro Regional de Pesquisas Educacionais
Enade – Exame Nacional do Desenvolvimento da Educação Superior
FNDE – Fundo Nacional de Desenvolvimento da Educação
Fubrae – Fundação Brasileira de Educação
IDE – Indicadores Demográficos e Educacionais
Ideb – Índice de Desenvolvimento da Educação Básica
IES – Instituição/Instituições de Educação Superior
Inep – Instituto Nacional de Estudos e Pesquisas Educacionais Anísio Teixeira
LDB – Lei de Diretrizes e Bases da Educação Nacional de 1996
LDO – Lei de Diretrizes Orçamentárias
LOA – Lei Orçamentária Anual
MEC – Ministério da Educação
Saeb – Sistema Nacional de Avaliação da Educação Básica
PAR – Plano de Ações Articuladas
PDDE – Programa Dinheiro Direto na Escola
PDE – Plano de Desenvolvimento da Educação
PEE – Plano Estadual de Educação
PIB – Produto Interno Bruto
Pisa – (*Programme for International Student Assessment*) Programa Internacional de Avaliação de Estudantes
PME – Plano Municipal de Educação
PNE – Plano Nacional de Educação
ONU – Organização das Nações Unidas
Unesco – Organização das Nações Unidas para a Educação, a Ciência e a Cultura

Referências bibliográficas

ABRAMOVAY, Miriam et al. *Escolas inovadoras*: experiências bem-sucedidas em escolas públicas. Brasília: Unesco, 2003.

ABRAMOVAY, Pedro. *Separação de poderes e medidas provisórias*. Rio de Janeiro: FGV, 2012.

ALAVARSE, Ocimare et al. Avaliações externas e qualidade na educação básica: articulações e tendências. *Est. Aval. Educ.*, São Paulo, v. 24, n. 54, p. 12-31, jan./abr. 2013.

ALVES-MAZZOTTI, Alda Judith; GEWANDZNAJDER, Fernando. *O Método nas Ciências Naturais e Sociais: pesquisa quantitativa e qualitativa*. 2 ed. Campinas, Papirus: 1997.

ALMEIDA, Maria de Lourdes; PERES, Aida Maris. Conhecimentos, habilidades e atitudes sobre a gestão dos formados de enfermagem de uma universidade pública brasileira. *Invest. Educ. Enferm.* v. 30, n. 1, p. 66-76, 2012.

ARISTÓTELES. *Metafísica*. Bauru: Edipro, 2006.

AZEVEDO, José Clovis. Escola cidadã: políticas e práticas. *Anais da 23ª reunião Anual da Associação Nacional de Pós-Graduação em Educação*. Caxambu-MG: 2007. Disponível em: <http://23reuniao.anped.org.br/textos/te13b.PDF>. Acesso em: 20 jun. 2016.

BACHELARD, Gaston. *A formação do espírito científico*. Rio de Janeiro: Contraponto, 2000.

_____. *Ensaio sobre o conhecimento aproximado*. Rio de Janeiro: Contraponto, 2004.

BALL, S.J. *Diretrizes políticas globais e relações políticas locais em educação*. Currículo sem fronteiras, Porto Alegre, v. 1, n. 2, p. 27-43, 2001.

BARBOSA, Samara Vanderley. A significação do Projeto Político-pedagógico: um olhar avaliativo. *Espaço do currículo*, Paraíba, v. 4, n. 2, p. 227-239, set. 2011/mar. 2012.

BRASIL. *Constituição da República Federativa do Brasil*. Brasília, 1988. Disponível em: <http://www.planalto.gov.br/ccivil_03/constituicao/ConstituicaoCompilado.htm>. Acesso em: 7 fev. 2016.

_____. *Lei n. 9.394, de 20 de dezembro de 1996*. Lei de Diretrizes e Bases da Educação Nacional. Disponível em: <http://www.planalto.gov.br/ccivil_03/leis/L9394.htm>. Acesso em: 10 jan. 2016.

_____. *Lei n. 9.794, de 29 de janeiro de 1999*. Regula o processo administrativo no âmbito da Administração Pública Federal. Disponível em: http://www.planalto.gov.br/ccivil_03/leis/L9784.htm. Acesso em: 10 jan. 2016.

_____. *Lei n. 13.005, de 25 de junho de 2014*. Institui o Plano Nacional de Educação. Disponível em: <http://www.planalto.gov.br/ccivil03/ato2011-2014/2014/lei/l13005.htm>. Acesso em: 20 jun. 2016.

CANEN, Ana. *Avaliação da aprendizagem em sociedades multiculturais*. Rio de Janeiro: Papel & Virtual, 2006.

CARNOY, Martin. *Mundialização e reforma da educação: o que os planejadores devem saber*. Tradução de Guilherme João de Freitas Teixeira. Brasília: Unesco, 2002.

CARVALHO, Maria Arlena de. Alcançando o sucesso escolar: fatores que auxiliam nesta conquista. *Vertentes*, n. 35, abr./jun. 2010. Disponível em: <http://www.ufsj.edu.br/portal2-repositorio/File/vertentes/Vertentes_35/arlena_carvalho.pdf>. Acesso em: 20 jun. 2016.

CASTRO, Claudio de Moura. *Entre a Finlândia e o Piauí*. Disponível em: <http://veja.abril.com>. Acesso em 19 jan. 2016.

CURY, Carlos Roberto Jamil. A Educação Básica como Direito. Cadernos de Pesquisa, v. 38, n. 134, maio/ago. 2008.

DELORS, Jacques. A educação ou a utopia necessária. In: _____. (Org.). *A educação*: um tesouro a descobrir. Brasília: Unesco, 2010.

FERREIRA, Eliza Bartolozzi; FONSECA, Marilia. O planejamento das políticas educativas no Brasil e seus desafios atuais. *Perspectiva*, Florianópolis, v. 29, n. 1, p. 69-96, jan./jun. 2011.

FERREIRA, Luisa Silva. *A pesquisa educacional no Brasil*: tendências e perspectivas. *Contrapontos*, Itajaí, v. 9, n. 1, p. 43-54, jan./abr. 2009.

FRANCO, Maria Laura Pugliesi. *Análise de conteúdo*. Campinas: Papirus, 2005.

GOMES, Cândido Alberto et al. O financiamento da educação brasileira: uma revisão da literatura. *RBPAE*, Goiânia, v. 23, n. 1, p. 29-52, jan./abr. 2007.

KANT, Immanuel. *Fundamentação da metafísica dos costumes*. São Paulo: Martin Claret, 2001.

LAKATOS, Eva; MARCONI, Marina. *Fundamentos de metodologia científica*. São Paulo: Atlas, 2003.

LE GOFF, Jacques. *Memória* in Enciclopédia Einaudi, Memória – História (trad.) Lisboa, Imprensa Nacional/Casa da Moeda, v. 1, p. 46, 1985.

LIMA, Cecilia Neves. Planejamento ou planificação educacional: o projeto da operação – escola (1968-1970). *Revista Contemporânea e Educação,* Rio de Janeiro, v. 9, n. 17, p. 38-60, 2014.

MAINARDES, Jefferson; MARCONDES, Maria Inês. Entrevista com Stephen J. Ball: um diálogo sobre justiça social, pesquisa e política educacional. *Educ. Soc.,* Campinas, v. 30, n. 106, p. 303-318, jan./abr. 2009.

MARX, Karl. *Contribuição à crítica da economia política.* Tradução e introdução de Florestan Fernandes. 2. ed. São Paulo: Expressão Popular, 2008.

_____. *Introdução à Crítica da Economia Poítica.* São Paulo, Expressão Popular: 2008.

MELLO, Celso Bandeira de. *Curso de Direito Administrativo.* 32. ed. Rio de Janeiro: Saraiva, 2015.

MENDES, Durmeval Trigueiro. Para um balanço da educação brasileira. *Revista de Cultura Vozes,* Petrópolis, ano 69, n. 2, p. 5-12, mar. 1975.

_____. Desenvolvimento, tecnocracia e universidade. *Revista de Cultura Vozes,* Petrópolis, ano 69, n. 6, p. 5-18, ago. 1975.

_____. *O planejamento educacional no Brasil.* Rio de Janeiro: Eduerj, 2000.

MENDONÇA, Ana Waleska Pollo de et al. Pragmentism and in Brazilian Educational Thought (1950-1960). *Springer: studies in Philosophy,* v. 17, n. 86, jul--set, 2005.

MIRANDA, Glaura Vasquez de. Escola plural. *Estudos avançados,* São Paulo, v. 21, n. 60, maio/ago. 2007.

NAJJAR, Jorge Nassim Vieira. Políticas neoliberais em educação e resistência democrática: analisando a implementação do Programa Nova Escola, no Rio de Janeiro. *Anais da IV Jornada Internacional de Políticas Públicas.* São Luís, Maranhão, 2004.

NICOLESCU, Basarab. Um novo tipo de conhecimento – transdisciplinaridade. *Anais do 1º Encontro Catalisador do Cetrans – Escola do Futuro – USP.* Itatiba, São Paulo, abr. 1999.

OLIVEIRA, Wildson Prado. *A aplicação imediata de dispositivos constitucionais nos entes federados: ou das normas constitucionais de cumprimento obrigatório e o princípio da simetria.* 93f. Monografia (Especialização) – Instituto Brasiliense de Direito Público, Brasília, 2012.

PATTO, Maria Helena de Souza. *A produção do fracasso escolar:* histórias de submissão e rebeldia. São Paulo: Martins Fontes, 2000.

PERELMAN. Chaïm; OLLBRECHTS-TYTECA, Lucie. *Tratado da argumentação*. São Paulo: Martins Fontes, 2001.

PIMENTA, Selma Garrido. *Pedagogia, ciência da educação?*. São Paulo: Cortez, 2011.

SANTOS, Pablo Silva Machado Bispo dos. *O colégio Nova Friburgo da Fundação Getúlio Vargas*: mergulhando em sua memória institucional. Orientadora: Ana Waleska P. C. Mendonça. 2005. Dissertação (Mestrado) – Departamento de Educação, PUC-Rio, Rio de Janeiro, 2005.

_____.; LIMA, Cecilia Neves. *Colégio Nova Friburgo e Escola Guatemala*: experimentalismo pedagógico e a formação dos professores nos anos de 1950-1960. *Anais do IV CBHE*. Goiânia: UFGO, 2006.

_____. *O público, o privado e o ensino fluminense (1954-1970)*: o caso do Centro Educacional de Niterói. Orientadora: Ana Waleska Pollo Campos de Mendonça. Tese (Doutorado) – Departamento de Educação, PUC-Rio, Rio de Janeiro, 2010.

_____. *Guia prático da política educacional no Brasil*: ações, planos, programas e impactos. 2. ed. revista e ampliada. São Paulo: Cengage, 2014.

_____. A Constituição Federal e a Lei de Diretrizes e Bases da Educação Nacional como matrizes estruturantes do campo político brasileiro: analisando o campo do poder e a refração política no âmbito da gestão democrática. *Periferia*, Rio de Janeiro, v. 6, n. 12, p. 49-57, 2015.

TEIXEIRA, Anísio. Ciência e arte de educar. *Educação e Ciências Sociais*, v. 2, n. 5, p. 5-22, ago. 1957.

_____. Bases para uma programação de educação primária no Brasil. *Revista Brasileira de Estudos Pedagógicos*, Rio de Janeiro, v. 27, n. 65, p. 28-46, jan./mar. 1957.

_____. Mestres de amanhã. *Revista Brasileira de Estudos Pedagógicos*, Rio de Janeiro, v. 40, n. 92, p. 10-19, out./dez. 1963.

_____. Análise de sistemas e educação. *Revista Brasileira de Estudos Pedagógicos*, Rio de Janeiro, v. 59, n. 129, p. 57-59, jan./mar. 1973.

VIEGAS, Cláudia Mara de Almeida Rabelo. As funções da administração pública. Revista Jus Navigandi, Teresina, ano 16, n. 2801, 3 mar.2011. Disponível em: <https://jus.com.br/artigos/18614>. Acesso em: 21 jul. 2016.

WERLE, Flavia Obino de. Documentos escolares: impactos das novas tecnologias. *Revista História da Educação*, Asphe/FAE/UFPel, Pelotas, n. 11, p. 77-96, 2002.

XAVIER, Libânia Nacif. *O Brasil como laboratório*: educação e ciências sociais no projeto dos centros brasileiros de pesquisas educacionais. CBPE/INEP/MEC (1950-1960). São Paulo: Edusf, 1999.